Beautiful houses of the world

世界の美しい住宅

廣部剛司
Takeshi Hirobe

目次

1940s
1940年代の住宅

1950s
1950年代の住宅

1960s
1960年代の住宅

1970s
1970年代の住宅

Architect Column
建築家コラム

装幀・デザイン　細山田デザイン事務所
イラスト　松島由林(由林堂)
トレース　長岡伸行
印刷　シナノ書籍印刷

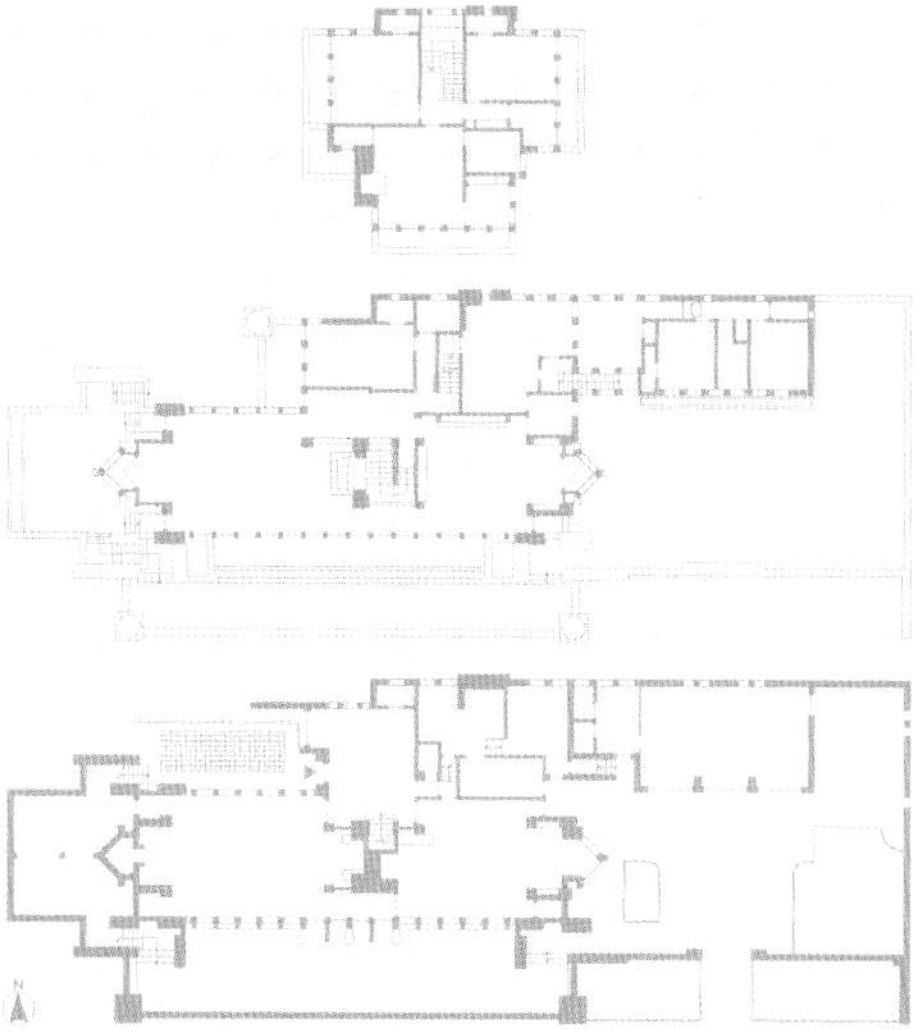

Robie House ／ Frank Lloyd Wright
1910年竣工、アメリカ・シカゴ

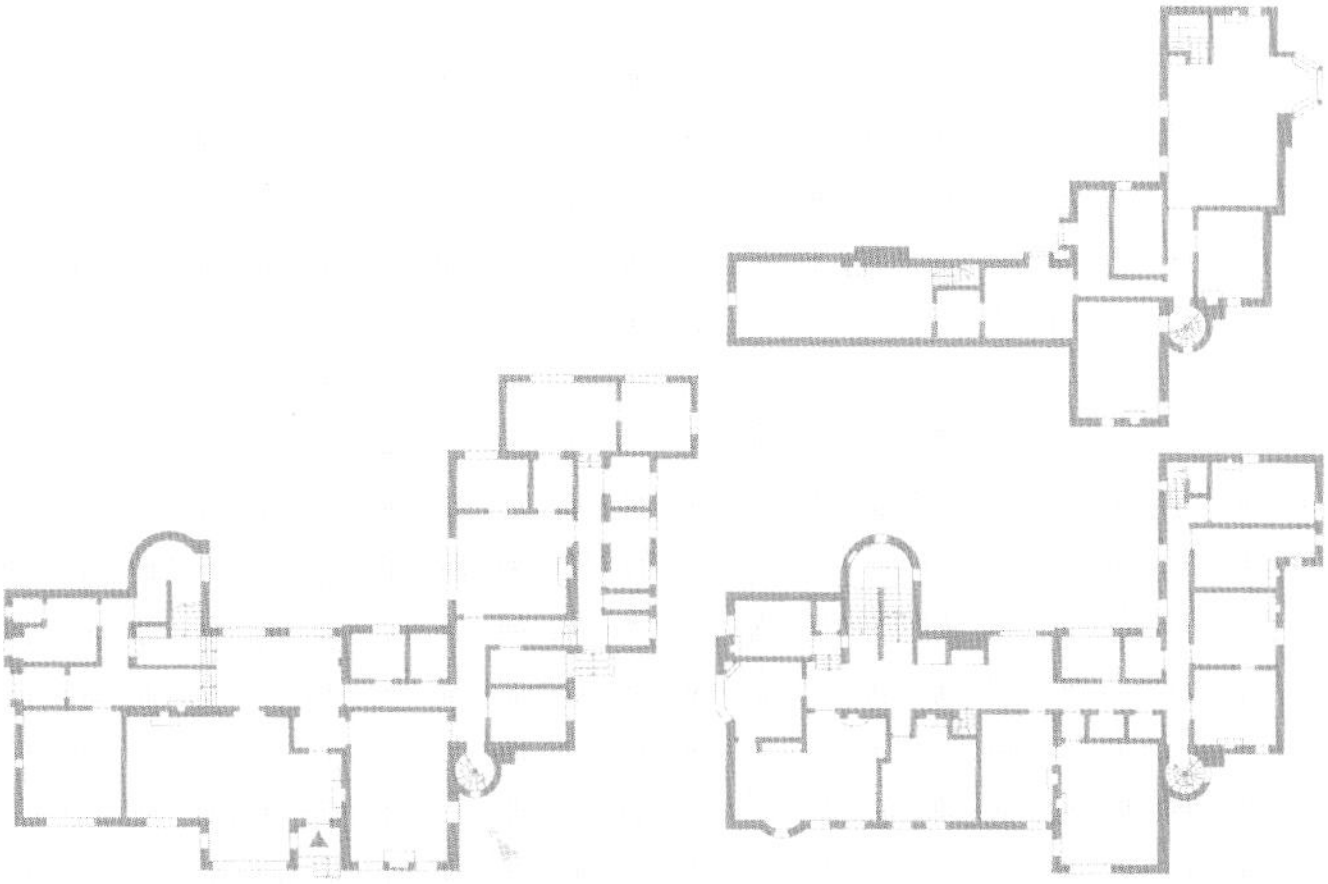

Hill House ／ Charles Rennie Mackintosh
1904年竣工、イギリス・ヘレンズバラ

はじめに

Introduction

この序章を、初めて足を踏み入れたエジプトの空の下で書き始めている。穏やかに流れるナイル川の川面を滑る船の上からは、どこまでも続く人の営みと、雄大な大地との対話の縮図が流れていく。この川のもとに文明が生まれ、今日目にする遺跡群がつくられたのが、紀元前3000年ごろからローマに支配される紀元1世紀ごろのこと。ローマから始まるヨーロッパ文明は常にこの地を意識し、参照し、略奪した。帝政ローマ時代以降に略奪されたオベリスク［※1］のひとつは、バチカン市国のサンピエトロ広場に屹立《きりつ》している。これからモダニズム［※2］の名作住宅についてお話ししていくことは、数千年にわたる人類の営みからすると一瞬の出来事であるのかも知れない。しかし、そこにはそれを導く時代背景があり、技術革新があり、そして何よりその建築を生み出した建築家の人間性がある。

　この地で早朝から古《いにしえ》の遺跡を巡り、ときの文明がなし得たことの偉大さを感じながら、その建築を統べているものは何かと

ナイル川から見た夕景。定期的な増水や洪水で肥沃な土を下流域へと運び、文明を生み育てた。このことから古代エジプト文明は「ナイルの賜物《たまもの》」と呼ばれる

※1　神殿などに立てられた記念碑。古代エジプト（特に新王国時代）期に制作された19世紀末に発展した建築様式の総称
※2　産業革命によって、それまで主流であった古典主義建築からの離脱が図られた。インターナショナル・スタイルとも呼ばれる

いうことを考えた。エジプトの遺跡では紀元前の建築家の名前がきちんと残されているものもあるが、基本的には王《ファラオ》と神々、その役割、イコン（肖像）のもつ意味、そして建築に無数に刻み込まれた絵画と文字《ヒエログリフ》によって伝えるべきことが決まっており、揺らぎない芸術性とともに建築のありかたが方向づけられている。そこに感じるのは集合知だ。

1人の人間がその個性によって創作を進めていく、という行為が現れるのは、ミケランジェロ［※3］やダ・ヴィンチ［※4］が登場するルネサンス期になってからのことであろう。それは時代の集合知としての建築が個人的なものになった瞬間だったのかも知れない。それから長い時を経て、19世紀後半に起こった産業革命［※5］が建築様式に対して大きなインパクトをもたらす。蒸気機関によって列車や汽船が生まれ、今までとは違った「空間」が求められるようになる。その空間の合理性に敏感に反応したのがル・コルビュジエ［67頁］など、後に近代建築家と呼ばれることになる建築家たちであった。では、「モダニズム」というのはあるところを境として、ある日突然に生まれたもの

右：著者によるアブ・シンベル大神殿のスケッチ。壁面に彫り込まれた巨像4体はすべて当時の王《ファラオ》ラムセス二世のもの。中央入口の上には、太陽神ラーの像が配置されている｜上：ホルス神殿の美しいレリーフ

※3　ミケランジェロ・ブオナローティ（1475〜1564）。盛期ルネサンスを代表する芸術家、建築家｜※4　レオナルド・ダ・ヴィンチ（1452〜1519）。ミケランジェロとともに盛期ルネサンスに活躍した芸術家、科学者｜※5　18世紀なかごろ〜19世紀初頭に起こった産業技術の革新とそれに伴う社会構造の変化。機械制工場と蒸気力の利用を中心とした技術が発展した

なのだろうか。その答えは否と言うほかない。象徴的な建築をいくつか「特定して」そこが始まりである、ということは、分かりやすく強い印象を聞き手に与えるだろうけど、それは常に、建築がもつたくさんの要素の微妙な変化によって語られるべきであり、同時代に生まれた作品のなかでも、新たな局面に踏み込んでいる空間もあれば、前時代的な良さを併せもつ空間が同時多発的に存在するからだ。たとえば、フランク・ロイド・ライト［21頁］の名作である「ロビー邸」。ライトが提唱したプレーリーハウス（草原住宅）［※6］の代表としてみられるこの住宅は、張り出した庇の持つ水平性などが近代的であると言われるが、特筆すべきは内部空間を扉のついた個室群から解放したところにある。用途に合わせた部屋を一つの空間としてつなぎ、それぞれに必要な機能を持たせている。一方で、大きな空間にされてしまったダイニングルームは、当時の感覚からすると落ち着かない空間となってしまう。そこで、ライトは背板の高いハイバックチェアをデザインするのだ。高く伸びた背板の椅子で囲うことで、そこに親密感のあるスケールを生み出した。単純に

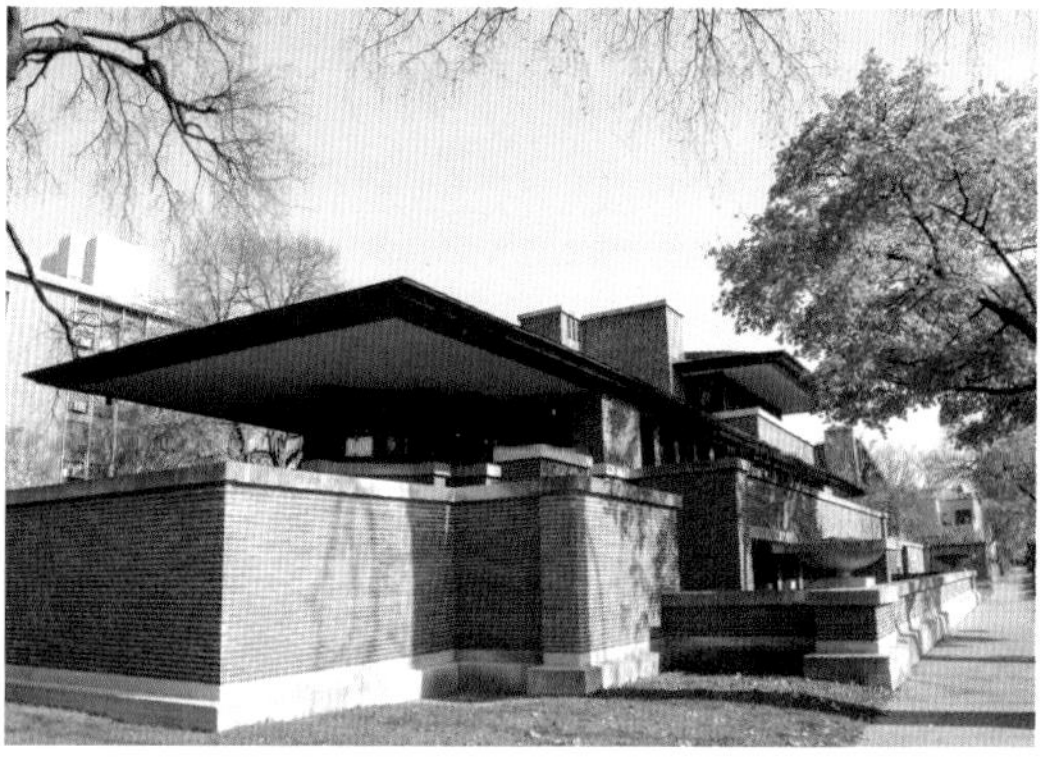

ロビー邸外観。石造の土台や笠木、モルタルの横目地がついた煉瓦の外壁が、建物の水平なフォルムを際立たせている

※6　20世紀初頭にライトが提案したデザインスタイル。地面と一体となるような低く抑えられた軒や屋根、東西南北に開放された連続窓などが特徴

今までにない空間をつくることだけでない、丁寧で機微に富んだデザインのありかたが、住宅の近代化に寄り添っていた好例だ。

同じく、ハイバックチェア［※7］で有名なスコットランドのチャールズ・レニー・マッキントッシュ。その建築には合理的な側面と、アールヌーヴォー［※8］的な装飾が同居している。グラスゴーから列車で1時間ほど、ヘレンズバラ駅からしばらく歩いた丘の上に、マッキントッシュの作品「ヒルハウス」は文字通り佇んでいる。グレーの外装は粗うち漆喰《ラフキャスト》。横殴りに降る雨に耐えるため、スコットランドでは当時普通に用いられていた素材だ。内部に足を踏み入れると、黒く塗られた木材とグレーのカーペットで構成されているエントランスホールと階段室が迎えてくれる。レベル差をつけながら、振り返るようにして階段に至るプラン。廊下から部屋の内部に入ると、白を基調として大変な密度でデザインされた空間となっている。造り付けの家具のみならず、置き家具、照明器具、カーテン、そして壁に描かれた装飾まで、そのすべてがデザインされている。リビングでは薔薇のモティーフが、壁面に淡い色彩の陰影とリズ

著者によるヒルハウスのスケッチ。左：主寝室、右：外観

※7　C.R.マッキントッシュによってデザインされた梯子のような格子組の高い背もたれ（高さ約1.4m）をもつ椅子。ラダーバックチェアとも呼ばれる｜※8　19世紀末〜20世紀初頭にかけてヨーロッパで発展した美術運動。ガラスや鉄などの当時の新素材に、花や植物といった有機的なモチーフや自由曲線の組み合わせによる優美な装飾が特徴

ムを刻む。実は、前述のハイバックチェアは、この家のためにデザインされたものだ。座ってみると座面が狭いうえ、背板が垂直に高く伸びているから座り心地はそれほどよくない。しかし寝室など、この椅子が壁際に置かれた姿を見ると、空間のスケール感と相まって実に上手く、そして象徴的に納まっている。これは視覚的な構成要素としての必要性からデザインされたのだろうと思う。この家のように、家具も建築の要素も区別なく連続的にデザインしていくことは、徐々に時代が進行していくにつれ、主流ではなくなっていった。それでも、そうしたアプローチの空間は今なおつくられるし、住空間を抽象化していくなかで〈失われたもの〉もあるのではないかと考えさせられるのだ。

本書では、取り上げる近代の名作住宅を、あえて時系列に並べている。そうすると、きっと気づかれるに違いない。その建築を生み出している要素が、決して正比例的な進化では無いと言うことを。そして、その建築に情熱を注いだ一人ひとりの建築家の〈姿〉が浮かび上がってくれるといいと思っている。

モダニズム萌芽期の作品の1つ、ストックホルム市庁舎(1923年竣工)。スウェーデン出身の建築家ラグナル・エストベリ設計。彼は20代後半でヨーロッパ諸国を巡る長い旅に出て、最新建築を目の当たりにしているが、それをそのまま再現せず、祖国の歴史的建築と対話をしながら独自の建築を創っていった

Chapter 1

Schindler House ／ Rudolf Schindler
［シンドラー邸／ルドルフ・シンドラー］

Ennis House ／ Frank Lloyd Wright
［エニス邸／フランク・ロイド・ライト］

Schröder House ／ Gerrit T. Rietveld
［シュレーダー邸／ヘリット・リートフェルト］

Lovell Beach House ／ Rudolf Schindler
［ロヴェル・ビーチ・ハウス／ルドルフ・シンドラー］

Melnikov House ／ Konstantin Melnikov
［メーリニコフ邸／コンスタンティン・メーリニコフ］

Stonborough-Wittgenstein House ／
Ludwig Wittgenstein
［ストンボロー邸／ルートヴィヒ・ヴィトゲンシュタイン］

Lovell House ／ Richard Neutra
［ロヴェル邸／リチャード・ノイトラ］

E·1027 ／ Eileen Gray
［E·1027／アイリーン・グレイ］

Shindler House

憧れの先にあるもの

シンドラー邸

設計 | **ルドルフ・シンドラー**
竣工 | 1922年

中庭より妻ポーリーンの部屋を見る。コンクリートの壁と床に、木造の屋根・建具という混構造の外観が印象的だ。屋根上の突出部（写真右上）がスリーピング・バスケット

その住宅に足を踏み入れたとき、辿ってきた長い旅のどこかで触れたことがある空気感に包まれた。一歩一歩踏みしめながら、この感覚の淵源《えんげん》は何だろうか……と考えるうちに、フランク・ロイド・ライト〔21頁〕のアトリエ兼住居であったタリアセン・イースト〔79頁・※1〕（ウィスコンシン州）を訪れたときの感覚がよみがえった。

　１９１０年に出版されたライトの作品集は、彼の建築と思想を世界に広めた。当時ウィーンの建築学生だったルドルフ・シンドラーもこの作品集に魅了されたひとりだった。大学〔※1〕では講師陣のオットー・ワグナー〔※2〕やアドルフ・ロース〔50頁〕の影響を受けたが、なかでも彼の人生にとって決定的な転機となったのが、ロースに勧められた１９１４年のアメリカ行きだった。

　渡米してシカゴの設計事務所に採用されたシンドラーは、そこでの契約期間を終えたのち、憧れのライトのもとで数年働き、ウィーンに帰るつもりでいた。ところが、そこで第一次世界大戦が勃発、帰国が不可能な状況になった。さらにアメリカで所帯を持ったことで、ヨーロッパに戻るという選択肢は現実性を失っていく。幾たびかのアプローチを経て、念願がかないライトの事務所に採用されたのは１９１７年のことだった。

※1　ウィーン王立工科大学で構造力学を学んだ後、ウィーン造形芸術アカデミーに入学。そこでワーグナーやロースに師事した｜※2　オーストリア出身。近代主義的な合理性や機能性を重視した

ホールからルドルフの部屋を見る。居室は屋外空間に連続するように設けられ、各室が別の方向を向くように配置されている

ロサンゼルスのバーンズドール邸では、渡日中だったライト不在の状況で、計画を進めていくことになった。施主のアーリーン・バーンズドールは石油王の娘で、住居を兼ねた芸術家のサロンとしての自邸を望んでいた。工事費は上昇し続け、施主も激しく抵抗したため、ライトとの関係は悪化したものの、担当者として根気よく対応し続けたシンドラーは、やがて施主の信頼を得て、1921年、なんとか完成に持ち込む。

シンドラー邸はこれと同時期に計画されていたもので、シンドラー夫妻と、技術者であるクライデ・チェイス夫妻、2家族のためにつくられた。

この住宅の設計を始めたころ、シンドラーと親密な関係を結んでいたフィリップ・ロヴェル博士は、近代建築にとって重要なパトロンとなる人物だ。博士は日刊誌ロサンゼルス・タイムズで『身体のケア』というコラムを編集していた[※3]。このコラムに共感し、寄稿した彼は、この自邸について「部屋(の床)は地面に近づくように低くなり、庭は住宅を統合する役割を果たす。室内と室外の区別は消えるであろう」と書いている。その言葉

※3　ロヴェル博士は自然療法を推進する医師であり、このコラムで彼は、人の健康には、日光や酸素を十分に取り入れる住環境や屋外生活が重要であると説いた

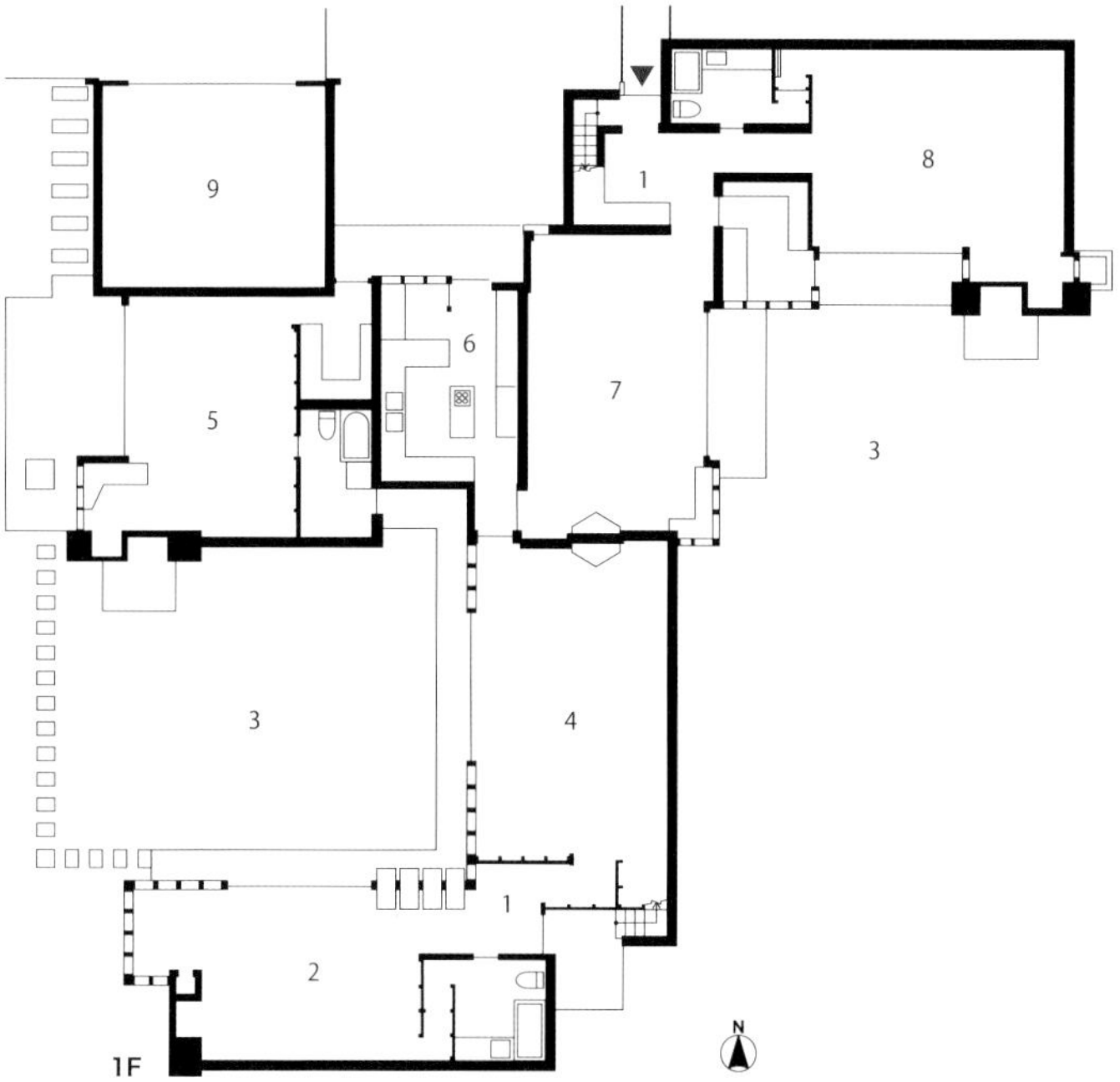

1. ホール
2. ルドルフの部屋
3. 中庭
4. 妻ポーリーンの部屋
5. ゲストルーム
6. 共同キッチン
7. マリオン・チェイスの部屋
8. クライド・チェイスの部屋
9. ガレージ

Data
所在地：カリフォルニア（アメリカ）
階　数：地上2階

どおり、ここでは敷地が7つの屋外空間に分けられ、それらと内部とがつながっている。住む者全員がそれぞれの空間を持つが、キッチンは2家族が交替で調理することを前提に共有されている。就寝はエントランス上部にある屋外の「スリーピング・バスケット」で自然の厳しさに肉体を晒しながら行われる前提であり、内部化された寝室は存在しない。構造的にはコンクリートの床と、現場で打設したコンクリートを建てる壁で構成され、屋根や建具は木造（木製）である。

そのようにして構成された空間が、なぜタリアセンを想起させたのだろうか……。ライトが日本建築から受けた影響［※4］は、弟子のシンドラーに受け継がれ、ロヴェル博士の理想もプランニングに独特な世界観を付与した。シンドラーは、ライトの強い個性に憧れ、厳しい状況のなかでその手法を学んだ。そして師の影響からどう一歩踏み出すのか、という葛藤に生涯向き合い続けた。彼は後年、友人への手紙にこう書き記している。

「ライトの弟子で、自分自身の言葉を見つけられた人はいない」

※4　1893年のシカゴ万博で、平等院鳳凰堂を模した日本館を見て日本建築に目覚めたといわれている

Ennis House

固有のかたち

エニス邸

設計｜フランク・ロイド・ライト
竣工｜1924年

北側外観。ブロックは現地の土を混ぜて製作されたもので、約400㎜角、厚さ約90㎜。ブロック壁を2枚重ね、壁体内の溝に異形鉄筋を挿入した上にモルタルを充填して2重壁を構成している

それは、〝夢〟のようなものとして描かれたわけではない。近未来の物語。映画『ブレードランナー』［※1］は決して明るくはないけれど、少し先の未来として〝あり得るのではないか〟と想像できる都市の姿を、えぐるような生々しさで描き出した名作だ。

この映画のなかでハリソン・フォード演じる主人公デッカードの住居として登場するのが、エニス邸だ。暗めの映像に浮かび上がる壁の文様。それは不思議な存在感を伴って、物語と共に私の記憶に刷り込まれている。

1924年にフランク・ロイド・ライトの手で竣工したこの住宅は、「テキスタイル・ブロック」という手法が採られている。積み上げたコンクリートブロックの内部に鉄筋を入れて、コンクリートを流し込むことで構造躯体を形成するものだ。そのブロックは無地のほか、プロジェクトごとにデザインされた印象的な文様が施されている。文様の連続はまさにテキスタイル（織物）を想起させるが、ライト自身は、ブロックをつなぎ止める鉄筋を縦糸、ブロックを横糸に見立ててそう名付けたという。

ありふれた大量生産品であるコンクリートブロックに、デザインで付加価値を与え、一部プレフ

※1　フィリップ・K・ディックのSF小説を原作とした映画。1982年公開

リビングより食堂を見る。柱や梁などの構造体には、外装に用いられた装飾ブロックが使われている。対照的に、木材で統一された床は柔らかな印象だ

ァブ［※2］化したこの建設システムは、施工に熟練した技能を要しない革新的な工法となるはずだった。しかし実際の工事は手作業が多く、詳細の検討を先送りにしてラフな図面で発注されたこともあり、大幅な工期延伸と予算超過に悩まされた。さらに、当時の防水技術は設計の内容に追いついておらず、竣工後も絶えず雨漏りに悩まされたという。今日残る美しい空間は、それらを支え続けた忍耐強いクライアントたちがいて、はじめて実現したといえる。

日本での4年間に及ぶ帝国ホテルの仕事から米国に戻ったライトは、翌年ロサンゼルスに事務所を開設した。ハリウッドの映画産業が産声を上げ勢いづいていた当時の西海岸に、希望を見いだしたのだろう［※3］。映画という虚構の夢を生み出す街には、新たな挑戦を受け入れる土壌があった。事務所の開設は、バーンズドール邸が竣工したタイミングであった。舞台芸術のパトロンであった富豪バーンズドールとライトとの関係は決して穏やかなものではなく、現場は混乱を極めたが、丘の上に完成した建築は、この地の自由な空気感を

※2　プレファブリケーションの略。部材を規格化してあらかじめ工場で製作し、建築現場で組み立てること
※3　不倫相手とその子を放火殺人事件で喪い、本国アメリカではスキャンダルの渦中で、設計の仕事も激減していた

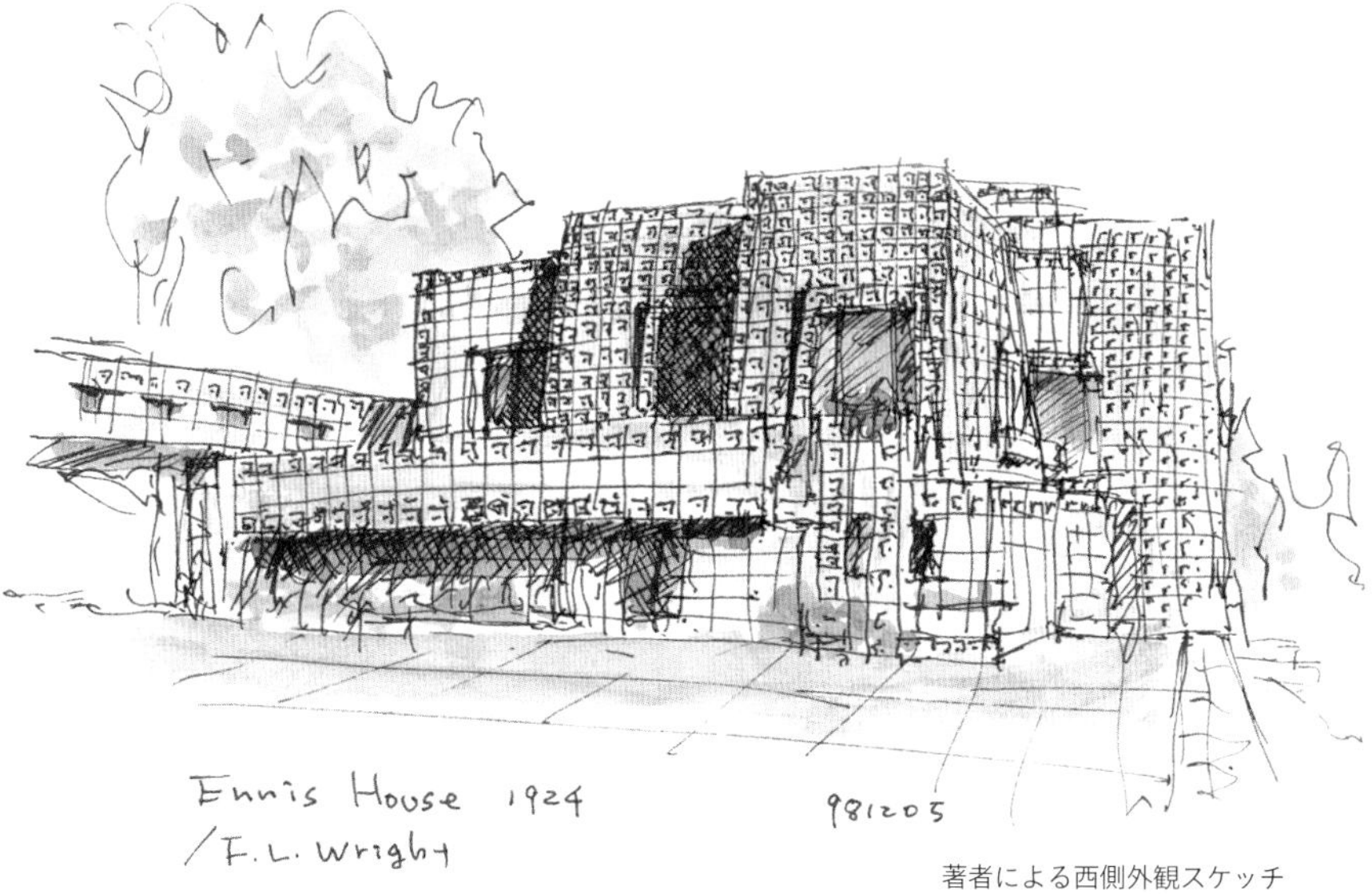

著者による西側外観スケッチ

まとい、ライトはそのスタイルを「カリフォルニア・ロマンツァ［※4］」と名付けた。堅牢な石かコンクリートでできているように見えて、実はラス下地［※5］に漆喰塗りで仕上げられていたバーンズドール邸から、一歩踏み出し、画期的な工法となるべく設計されたのが一連の「テキスタイル・ブロック」住宅であった。

スチールワークの繊細な門扉を抜け、玄関に入ると、そびえ立つがごとき大きな建築のボリュームからは想像もつかないほどタイトな空間だ。しかし、そのさらに先には天井の高い圧倒的な空間が待ち構えている。ライトの住宅作品を訪ね歩いていると、このような構成のものが多いことに気付く。おそらくこれは、一度圧縮してから開放することによって生まれる劇的な空間の効果を意図したのだろう。内部構成はいくつかのレベル差を用いて、大きなボリュームを分ける方法が取られている。それによって、それぞれの場所にコージーなスケール感を生み出しているのだ。

映画『ブレードランナー』のなかでは、脱走したレプリカント（人造人間）が4年という短い生涯

※4　イタリア語でRomanza。声楽曲・器楽曲のジャンルで、形式に捉われない自由な音楽形式
※5　壁の補強などに使われる、金網を用いた下地の一種。耐震性を有するだけでなく、低コストで施工がしやすい

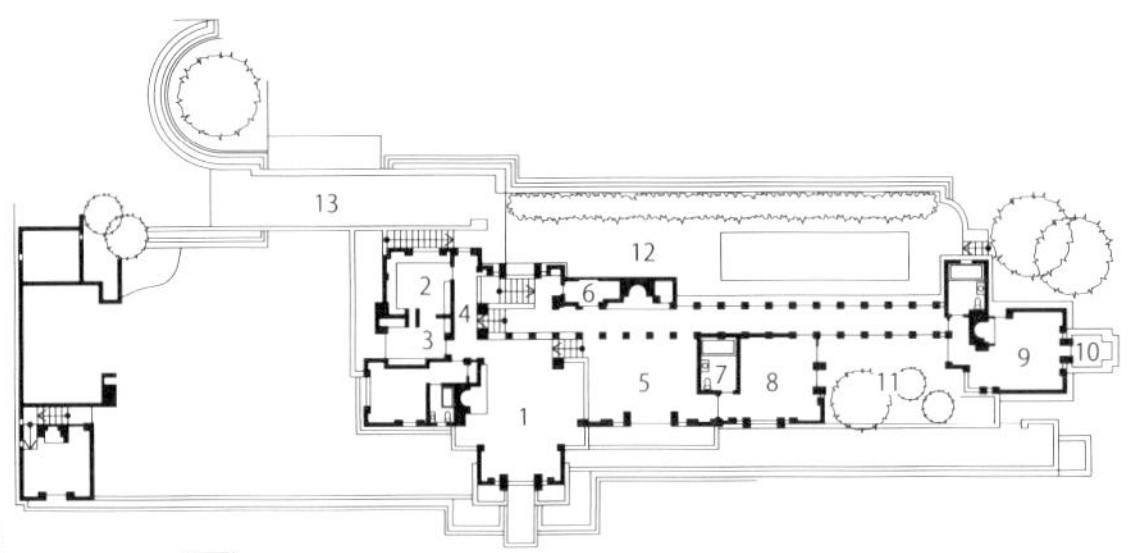

基準階

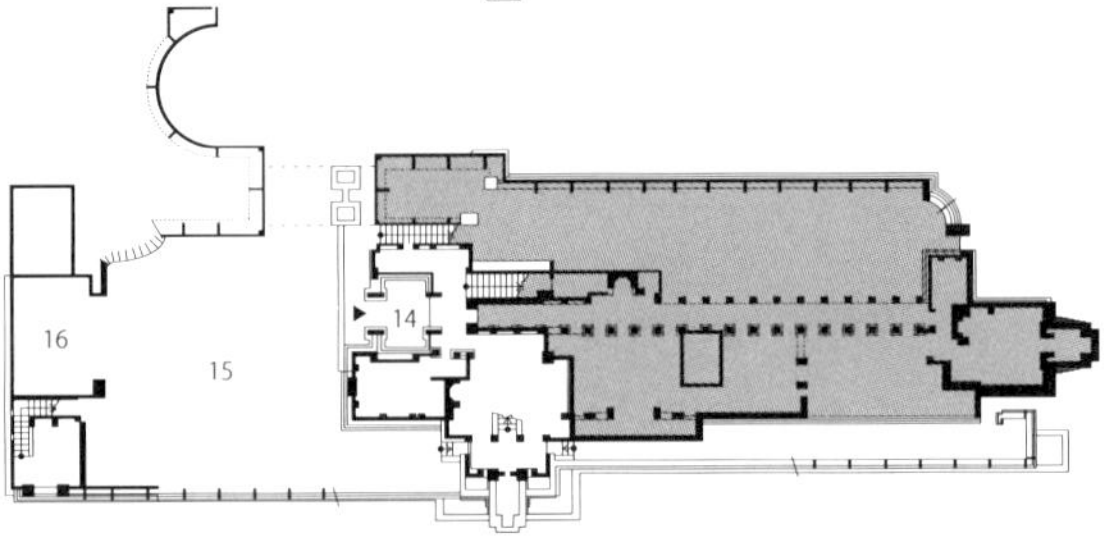

下階

1. ダイニング
2. キッチン
3. パントリー
4. ホール
5. リビング
6. 収納
7. 浴室
8. 書斎
9. 寝室
10. バルコニー
11. テラス
12. 庭
13. エントランスにかかる橋
14. エントランス・ポーチ
15. 駐車スペース
16. ガレージ

Data

所在地：ロサンゼルス（アメリカ）
階　数：地上2階

の意味を問い、記憶をつなげていきたいと過激な行動に走る。そして、彼らを「処理」する特命を受けたブレードランナー、デッカードとの戦いを繰り広げていく。その争いの虚無感が強く余韻に残る作品でもあるが、同時に自らのアイデンティティのためにすべてをかけるレプリカントの姿に、それぞれの建築に固有のかたち（文様）を与えたライトの意図が重なるのだ。

建築に固有の〈名前〉を与えるように繰り返される文様。そこにはモダニズム建築が、否定した古典主義建築と一緒に置き忘れてしまった「装飾」のもつ意味が込められているのかも知れない。

絶えず雨が降り、閉塞感のある暗い都市のなかで展開される物語の最後、主人公デッカードは明るい世界へと旅立つ。そこで初めて光溢れる映像になるのだが、その時、エニス邸の入り組んだエントランス廻りが、まるで楽園の入口かのように映し出されるのだ。その先にどのような現実が待ち構えているとしても、〝夢〟を見ることの美しさを肯定するかのように。

Architect Column 01

Frank Lloyd Wright

フランク・ロイド・ライト

1867.6.8–1959.4.9

Works

ロビー邸（シカゴ、1906）

帝国ホテル[※1]（東京、1923）

ジョンソン・ワックス本社（ラシーン、1939）

グッゲンハイム美術館（ニューヨーク、1959）

フランク・ロイド・ライトは、熱心な浮世絵のコレクターであり、ディーラーだった。ウィスコンシン州にあるタリアセン・イーストは、ライトが自宅兼アトリエとして築いた建築であるが、ここを訪れたとき、深い軒などの建築様式や置いてある仏像などから、驚くほどに和の要素を感じたのだった。しかし帰国後あらためてライトの発言を読んでみると、「日本建築の影響を受けたことはありません。しかし日本の版画は見ました」「日本建築については何とも思いませんでした。私の心を捉えることはありませんでしたし、いまだにそれは変わりません。なぜなら日本建築にあるものは、すでに私も持っていましたから」という言葉に突き当たり、戸惑いを覚えた。一般的にライトと日本のつながりとしては、シカゴ万博（1893年）の日本館「鳳凰殿」との出会いがきっかけでということになっているのだが、ライト本人はそのことについてまったく触れていないし、前述の発言のように、浮世絵は誉めるが建築からの影響は否定し続けている。実は自らの生年を偽り続けていたり、面白いエピソードを捏造したりする側面もあったライト。もしかすると、若き日に受けた強い影響、そしてその結果生まれた初期作品の成功を「日本建築の影響」と素直に言えなかったのでは……と想像すると、なんだか微笑ましくもある。

　ライトが「建築家」として日本と関わるのは、帝国ホテルの設計を依頼されてのこと。この仕事が依頼された経緯は、ライトによると、「天皇の使節団が世界中を周って、設計を依頼するに足る建築家を探していたところ、タリアセンにいる彼を見つけ、即座に仕事を差し出した」ということになっている。しかし実際は、浮世絵コレクター仲間が帝国ホテルの支配人・林愛作と知り合いであり、その伝手でライトは林氏との面談の機会を得た。帝国ホテルの設計は浮世絵を通じた人脈から得た仕事だったのだ。ライトは4年にわたる日本滞在で身を削り、最後には体調を崩すのだが、本人によると「意気揚々と」後を託して帰国の途についた。

Profile　近代建築の巨匠と評される建築家。人間性豊かな建築を追い求め、低層で軒を長く伸ばし、内外を一体化させた有機的な建築様式「プレーリースタイル」を生み出した。生涯にわたり精力的に設計活動を続け、1,000以上もの作品を遺している

※1　現在は玄関部分のみが博物館明治村（愛知県）に保存されている

Schröder House

抽象性を生み出したのは

シュレーダー邸

設計 | ヘリット・リートフェルト
竣工 | 1924年

南側外観。白と黒を基調とした無機質な面に、中方立てや横材、鉄製の柱などが赤、青、黄の3原色で塗られている。レンガ造りの家並み（写真左）を無視したかのような唐突な出で立ちだ

　その住宅の2階に一歩足を踏み出したとき、床がミシリと音を立てた。それが自分にとっては実に意外だった。

　雑誌『デ・スティル』の創刊がその基点となって、オランダで巻き起こった芸術運動〈デ・スティル〉（オランダ語で「スタイル」の意味）は、画家ドゥースブルフ［※1］が中心となって始まった抽象芸術運動で、個人の恣意的なデザインを排除し、水平・垂直線、正方形や三角形といった幾何学図形や、赤、青、黄の3原色を用いることで、対象物の客観的かつ普遍的な表現を目指したものだ。この運動で中心的な役割を担っていた画家ピエト・モンドリアン［※2］は、3原色と面分割を特徴とする抽象的な作品を数多く残している。そんな〈デ・スティル〉の建築的な応答として有名なのが、この住宅である。実際に現地を訪れたとき、その佇まいのありかたに驚かされた。伝統的な3階建て煉瓦造の街区の突端に、忽然とこのデザインが立ち現れるからだ。竣工当時の衝撃は、いかばかりだっただろうと思う。当時はユトレヒトの街の外れであった敷地からは干拓地などの眺望が望めたが、竣工から15年後に高架道路が建設されてしまった。

　この住宅はシュレーダー夫人と3人の子どもたちのために設計された。夫人とリートフェルトが

※1　テオ・ファン・ドゥースブルフ（1883〜1931）。オランダ出身の画家、建築家。当時のヨーロッパの前衛芸術家に大きな影響を与えた人物｜※2　（1872〜1944）。オランダ出身。19世紀末から20世紀にかけて活躍した抽象画家。白地に黒い垂直・水平線のグリッド、その上に赤、青、黄の3原色を配色した絵画『コンポジション』が代表作

2階ホールまわり。外部空間と同様の配色構成でつくり込まれた空間。家具はほとんど造り付けで、間仕切りはスライド式である。これにより柔軟に日常生活を区分けすることができる

出会ったのはリートフェルトが33歳の時。夫人は1つ年下だった。その時は「施主兼インテリアデザイナー」と「木工職人あがりの家具デザイナー」としての出会いだ。同年にシュレーダー夫人の夫が亡くなり、夫人は未亡人となった。その3年後、過去の因習にとらわれない新しい空間を求めて、リートフェルトに設計を依頼したが、事実上の共同設計であったという。内装の造作家具や間仕切などに、実は夫人のアイディアが盛り込まれているのだ。

この住宅の構造を見てみると、壁は煉瓦積みに漆喰を塗った組積造、2階の床と屋根は木造。バルコニーはRC造、部分的にI型鋼も使われているといった具合で、かなり複雑な混構造である。技術的な成熟度や、コスト面などでそのようになったとも考えられるが、そこからは抽象性・普遍性を標榜した〈デ・スティル〉の理想を実現するために格闘した痕跡を感じるのだ。それは、たとえ下地が違っていても3原色と白に塗り込めてしまえば、空間は抽象化されるという確信だったのだろう。かくいう自分も、今まで書籍などで見て

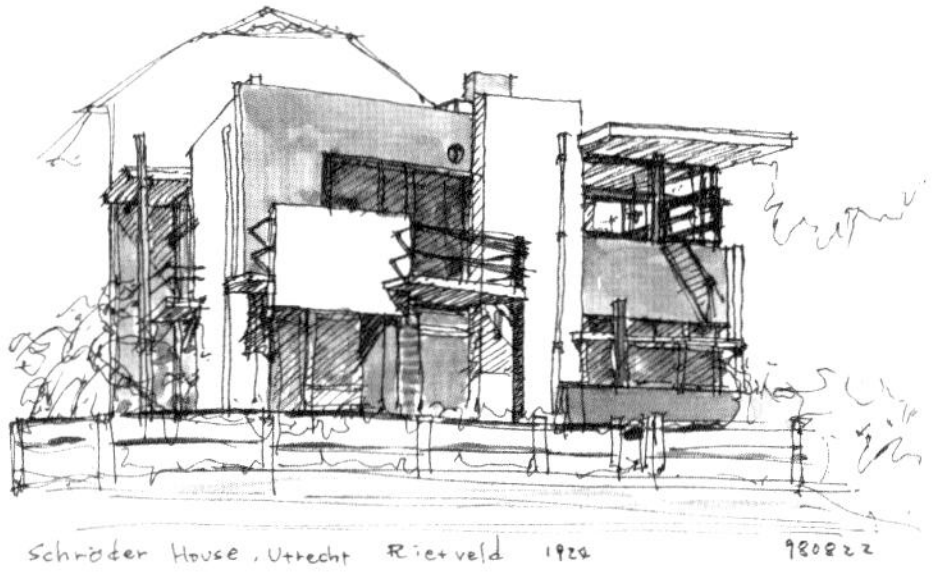

著者による西側外観スケッチ

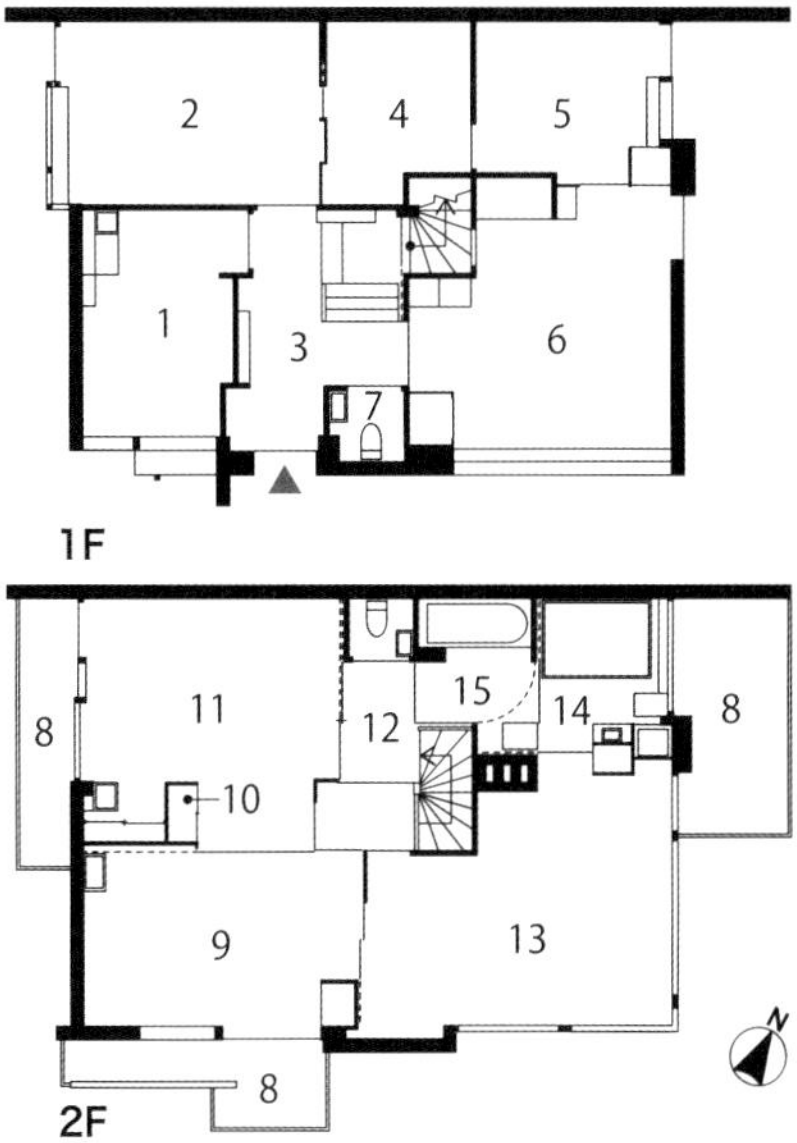

1. 読書室
2. アトリエ
3. ホール
4. 仕事部屋
5. 寝室
6. リビング・ダイニング、キッチン
7. トイレ
8. バルコニー
9. 仕事部屋・寝室
10. 物置
11. 寝室
12. ホール
13. リビング・ダイニング
14. 寝室
15. 浴室

Data

所在地：ユトレヒト（オランダ）
階　数：地上2階

いた写真から、かなり抽象的な空間を頭のなかで勝手につくりあげていた。だから、床がミシリと軋む音の生々しさに驚いたのだ。

2階は、建具を開閉することでからくり屋敷のように空間が変化し、シチュエーションによって個室にもワンルームにも変えることができる。まるで全体が1つの家具のようにつくり込まれているのだ。時には個室を連続させることで生活に必要な機能を盛り込みながら、全体では〈デ・スティル〉的なデザインに親和させていくために、木工を中心にどれだけの手仕事を必要としたかということが見えてくる。

リートフェルトはこの住宅の1階に小さなアトリエを構えていたが、晩年は実際にここの住人にもなった。シュレーダー夫人とリートフェルトの関係については諸説あるようだが、少なくともこの歴史的遺産となった小さな住宅は、理想を共有する2人の親密度なしには生まれなかったのだろうと思えるのだ。

Lovell Beach House

忘れてきたもの

ロヴェル・ビーチ・ハウス

設計｜**ルドルフ・シンドラー**

竣工｜1926年

敷地南西より建物を見る。5本の鉄筋コンクリートからなる、大胆な門型ラーメン構造が開放的な屋外空間をつくりあげている。1階はほとんどオープンスペースで、その先に海岸が続く

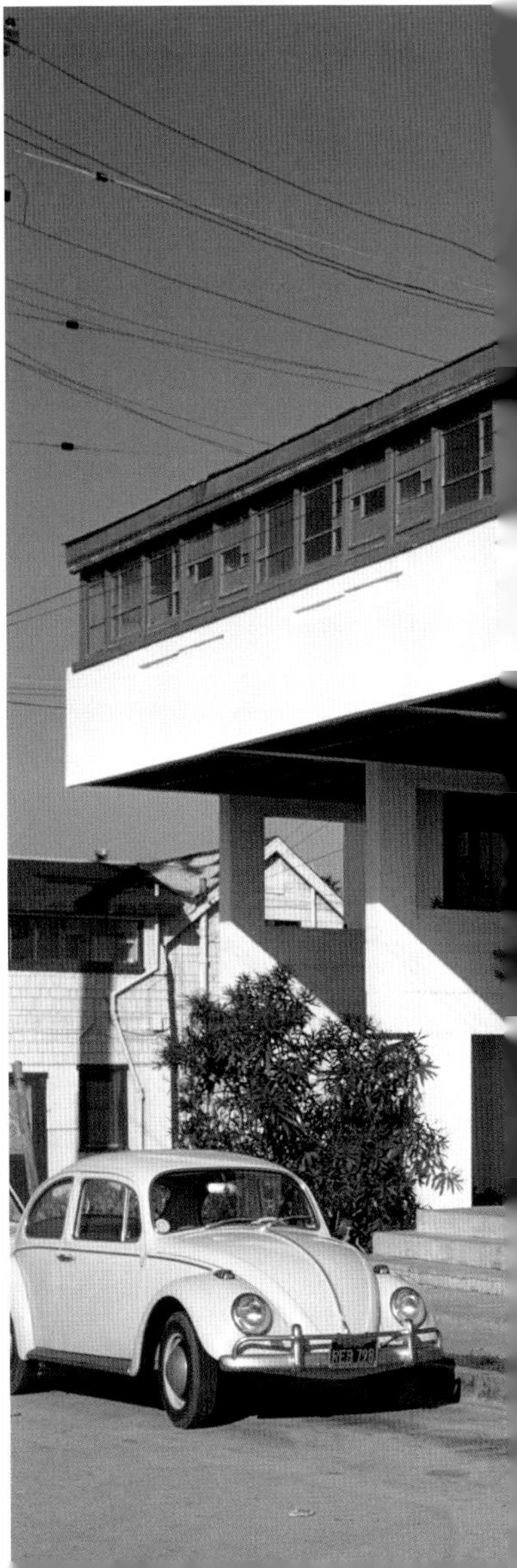

「この展覧会は、近年の創造的な建築を展示するものではなく、いわゆるインターナショナル・スタイルを中心とするものであると私には思われます。もしそうであれば、この展覧会に私の場所はないでしょう。私は様式主義者でも、機能主義者でも、スローガンを唱える建築家でもないのです。」

　これは、ニューヨーク近代美術館で1932年に開催された展覧会「モダン・アーキテクチュア」に、このロヴェル・ビーチハウスが選ばれなかったことに対して、設計者のシンドラーがキュレーターを務めていたフィリップ・ジョンソン（建築家）へ宛てた書簡の一部だ。一方、ウィーン時代からの知古であり、キングス・ロードの自邸に住まいながら協働していた5歳年下のノイトラが設計した同じクライアントのロヴェル邸［38頁］は選出された。これをきっかけに、2人の運命は別々の方向へと大きく舵を切ることになった。

　シンドラーがロヴェル博士から依頼を受けたこのビーチハウスは、砂漠のコテージ、山小屋の設計に続いて手がけたものだ。5枚のコンクリート架構により空中に持ち上げられた住宅の足元にはビーチが入り込み、屋外でありながら屋根と暖炉のついたリビングが形成されている。リビングを2階に持ち上げることでビーチからの視線を和ら

窓のフレームはフランク・ロイド・ライト［21頁］のデザインを思わせるような幾何学的なディテール

げており、高い位置に設けられた窓からは海の景観が望める。このビーチハウスにおいても、シンドラーは自邸［12頁］のように一般的な寝室を設けずに、着替えのスペースと屋外の「スリーピング・ポーチ」を設けた。そこはエクササイズや日光浴にも供されるスペースとして計画されたが、竣工して間もなくロヴェル博士の希望により内部空間へと改修される。このスペースや浴室、キッチンを除いた残りの空間は、家族全員で使う大きなワンルームとなっている。コンクリート構造により、地面から居室を上部に持ち上げることで生まれるピロティの空間の完成は、コルビュジエがサヴォア邸［60頁］で提示する6年前に実現していたのだ。間仕切壁などは、メタルラスとプラスターでつくられ、コンクリートのフレームから吊られている。

　この大胆な全体構成とは対照的に、窓の割付けや、内部の装飾にはライト風のディテールが用いられている。幾何学なパターンでデザインされた窓や、モノを置けない高さにも続く連続棚は、実に繊細なスケールで設えられているのだ。

　インターナショナル・スタイルを紹介したかったMOMAの展覧会で、この住宅が選ばれなかったのは、この装飾的要素によるところが大きかっただろう。それは、原理主義的なモダニスト達を困惑させるに十分な要素だったのだ。

　ロヴェル博士がシンドラーに依頼した砂漠のコテージは火事で焼失し、山小屋は雪の荷重で倒壊。このビーチハウスは雨期に浸水した。シンドラーは次第に博士の信頼を失い、崖の上に計画されて

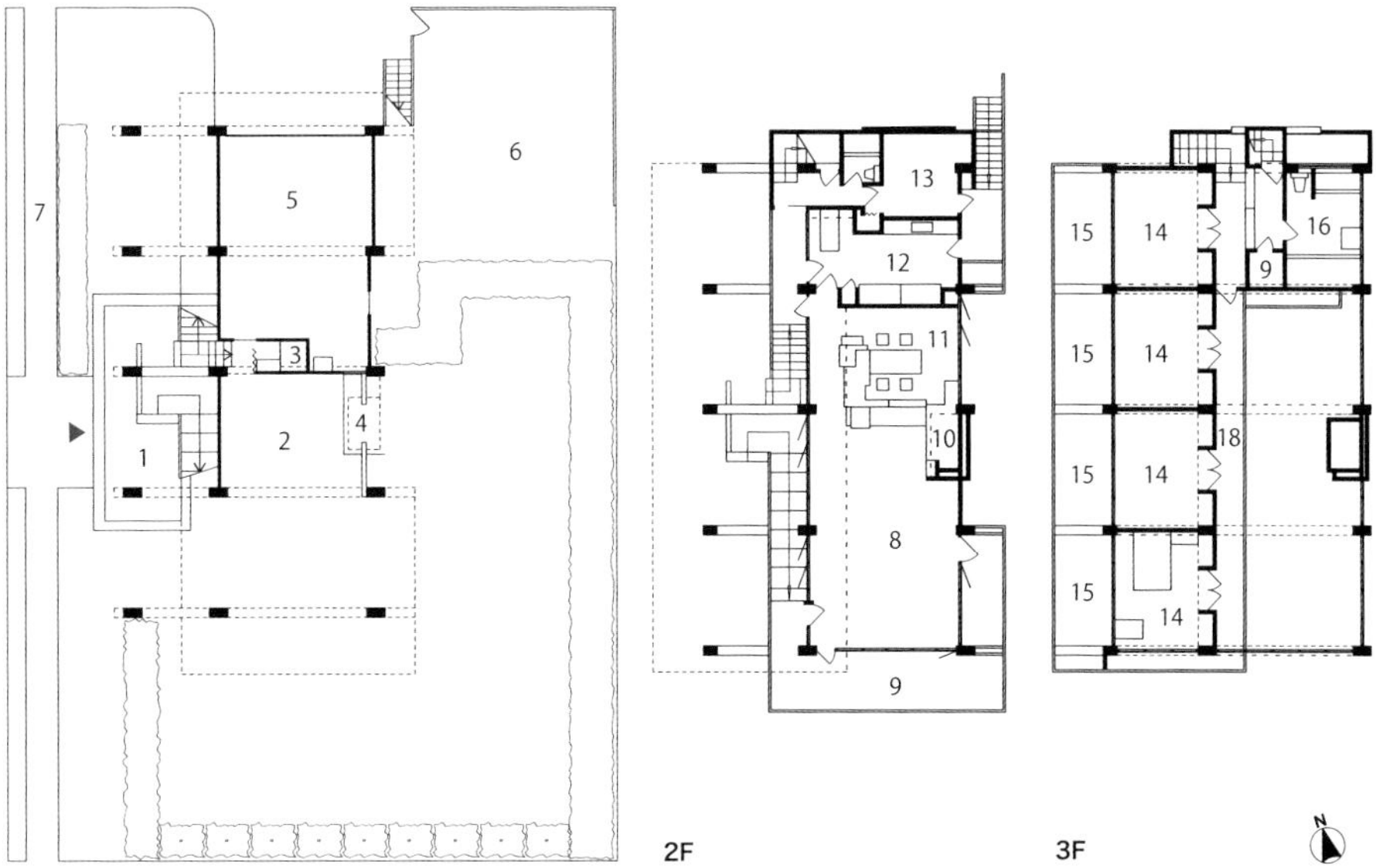

1. メイン・エントランス
2. 砂場
3. シャワー室
4. 暖炉
5. ガレージ
6. 庭
7. 舗道
8. リビング
9. バルコニー
10. 暖炉
11. ダイニング
12. 女中部屋
13. 寝室
14. スリーピング・ポーチ
15. 浴室
16. リネン室

Data
所在地：カリフォルニア（アメリカ）
階　数：地上3階

いた巨大な自邸の設計は同郷の弟分であるノイトラに委ねられることとなってしまう。そして、完成したノイトラのロヴェル邸は先の展覧会に選ばれ、世界的な評価を得るのだ。

新しい時代の建築を推進する流れに乗らなかった彼は、ロサンゼルスのローカルアーキテクトを全うする。ライトと同じように、建築のすべての細部まで自分自身で統御しようとしたシンドラー。時代の波に乗るという意味では頑固で、不器用だったのかも知れない。しかし彼は、インターナショナル・スタイルが〈忘れてきたもの〉を守り通したのではないだろうか。

1934年の文章でシンドラーはこのように記している。

「『機能主義者たち』は建築と芸術とを見捨てた。（中略）彼らは、建築は文化的価値を担っていること、すなわち、成長への要望を満たし、私たち自身を解放するという重要な意味を有する芸術であることを忘れているのである。」

Melnikov House

封じ込めた空間

メーリニコフ邸

設計｜コンストタンティン・メーリニコフ
竣工｜1927年

1933年、ミラノにて5回目のトリエンナーレが開催され、パリ万博（1925年）で手がけたソ連パビリオンが世界的に注目されたことから、コンスタンティン・メーリニコフはル・コルビュジエ［67頁］、ミース・ファン・デル・ローエ［124頁］らとともに招待を受け、参加している。

　ロシア革命後のソ連では、社会主義制度の確立を目指す大きなうねりのなか、新たな社会像に相応しいスタイルが探究され、あらゆる芸術分野で前衛運動〝ロシア・アヴァンギャルド〟が展開されていった。そのなかで生まれた1つの芸術様式「ロシア構成主義」では、工業的・経済的発展こそが社会的進歩だとして、工業的素材や技術が芸術表現に積極的に用いられ、建築界でも前衛的な作品や計画が数多く生み出された。

　トリエンナーレのあった年に、彼はモスクワ第7都市建築設計室の主任建築士に就任したが、その4年後になると国内での設計活動を禁止されてしまう。それは実質的な建築家資格の剥奪だった。それゆえに、本格的に建築家として活動した期間はわずか10年余り。その時彼はまだ40代半ばである。その短い活動期間の後半に産み落とされたのがこの自邸だ。

　社会主義革命後のソ連において、個人が街の中

開口部が規則的に並ぶファサード。アーチ型で荷重を持ち送るまぐさ石［※1］の役割を果たすため六角形の形状でつくられている

3階アトリエ内観。直径9mの円形のプランは、薄い木板を実《さね》矧《は》ぎ［※2］した床と天井によって支えられている

心に「一戸建てを持つ」というのはかなり難しいことだったようで、土地の取得に関しても当局は難色を示したようだ。それでも計画が実現したことが、当時のメーリニコフの立場を物語っている。

2つの丸いシリンダーを「8」の字に組み合わせた平面形を持つこの住宅のアトリエには、かなり特徴的な六角形の窓が穿《うが》たれている。内部に落ちる光も含めて、非常に印象に残る開口部だが、工事中の写真を見てみると、これが煉瓦構造の壁面でできていて、それを欠き込むことで構成されていることが分かる。白く塗り込められた壁は抽象的な印象で、一瞬コンクリート構造のようにも見えるが、平面図に表れてくる壁の分厚さは、建築が組積造をベースにしている事を語りかけてくる。使用された煉瓦には廃材が用いられており、相当な建築費の削減につながったのだという。

建築家の資格を剥奪されたメーリニコフは、その後スターリンによる大粛正［※1］を切り抜けた（難を逃れた理由のひとつは、ロシア革命の生導者レーニンの棺をデザインしていたからだという）。そのころ、国家のために必要とされた建築のスタイルは古典主義的なものに

※1　ソビエト連邦の最高指導者ヨシフ・スターリンが反対派に対して1937年に実行した大規模な政治弾圧。約80万人が反革命罪で処刑されたと言われている｜※2　木製の床材などに用いる接合方法。材の乾燥収縮による隙間を防ぐため、一方の板の側面に溝を彫り、他方の板の側面に突起を設け、それらを噛み合わせてつなぐ

Data
所在地：モスクワ（ロシア）
階　数：地下1階、地上3階

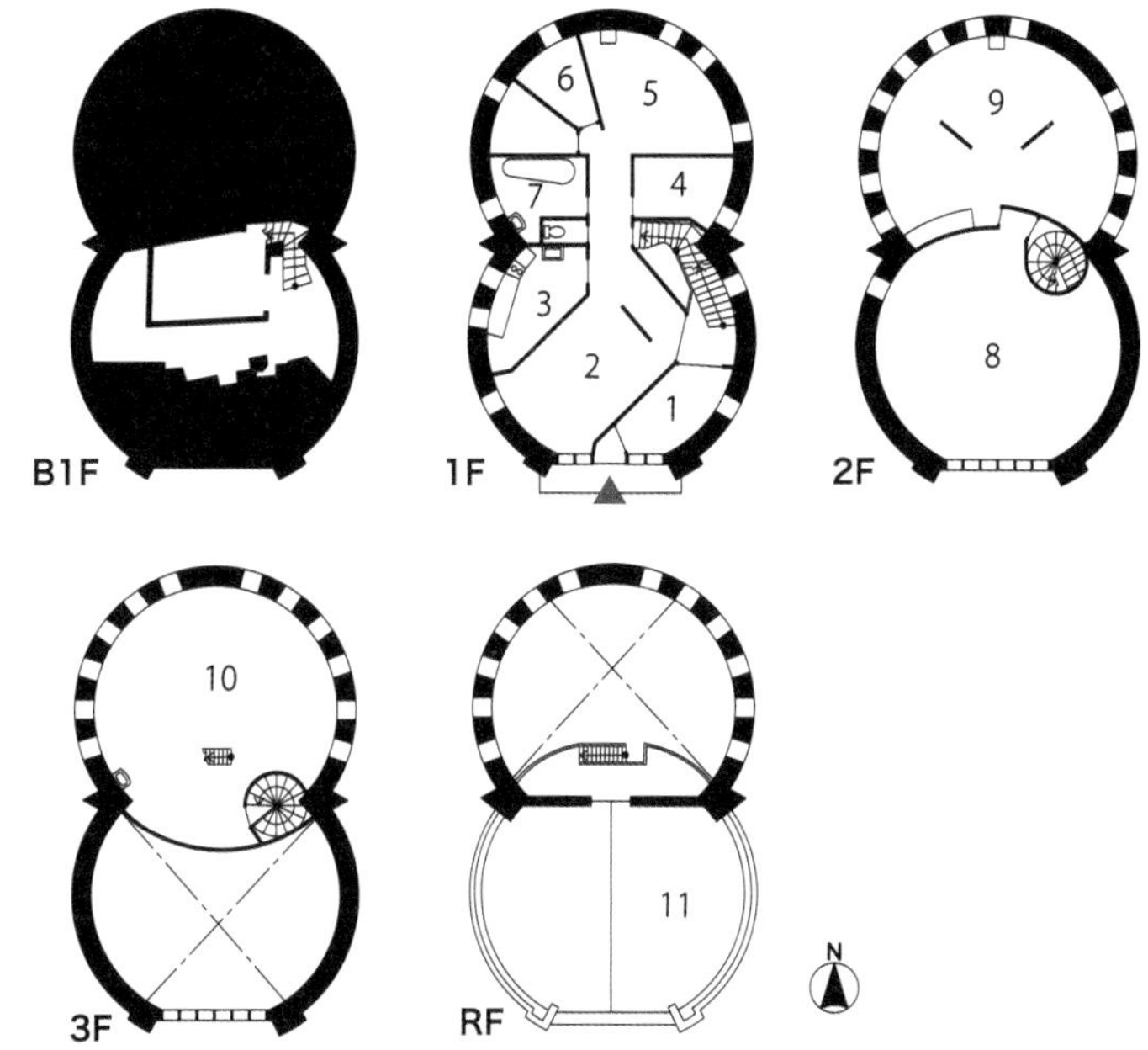

1. ホール
2. ダイニング
3. キッチン
4. ユーティリティルーム
5. 衣装部屋
6. デイルーム
7. トイレ
8. 寝室
9. リビング
10. アトリエ
11. テラス

変化していた。その風潮のなか、この住宅は「フォルマリスト的、ブルジョア的」な最悪の事例だと批判され、彼の名誉は損なわれてしまう。さらに独ソ開戦後、モスクワの爆撃で近隣の劇場が爆撃されたとき、爆風で二重サッシュのガラスが割れてしまった。暖房も止まる状況で、風雨に晒される2階を放棄、下階の狭い部屋に逃げ込んで暮らしていた。

　辛くも生き延びた彼は、1967年に完成したモントリオール万博パヴィリオンの仕事を例外に（この仕事が実現したのは、その2年前に初の個展が開かれて名誉が回復されたことが影響しているだろう）、設計から身を引いた。そしてこの自宅に文字通り隠棲《いんせい》しながら建築教育に専念し、余生は肖像画家として過ごした。

　歴史と体制に翻弄されたこの前衛的な住宅に、彼は45年間に渡って住まい続けた。個性溢れるアトリエの空間は、世間から忘却された半生を静かに包み込んでいたのだ。

　1972年、彼はソビエト連邦名誉建築家の称号を授与され、その2年後に逝去する、84年の生涯だった。

Stonborough-Wittgenstein House

賛美しているもの

ストンボロー邸

設計 | ルートヴィヒ・ヴィトゲンシュタイン
竣工 | 1928年

この家の設計者は、最終的には哲学者ルートウィヒ・ヴィトゲンシュタインである。なぜ哲学者として知られる彼が建築の設計に関わることになったのか？　話をそこからはじめてみようと思う。

1889年、彼はヨーロッパで1、2を争うほどの産業王であった父親のもとに8人兄弟の末っ子として生まれた。圧倒的な権力を持つ父カールは、自らの家族も強力に支配したという。そのため、3人の兄たちは次々に生きる意味を失い、自殺してしまうのだ。ベルリンの工業大学で航空力学を学び、研究と実験の生活をしていたヴィトゲンシュタインは、突如として哲学の世界に深くのめり込んでいったのだが、身内に起きていた不幸な出来事が、そのトリガーとなっていたのかも知れない。29歳で生涯唯一の書籍『論理哲学論考』で哲学界に大きなインパクトを与えると、2年後に父から譲り受けた莫大な財産を全て姉に譲り、貧しい村の小学校教師となった。

貧しい農民の子ども達に「神は存在しない」、「事実だけがすべてである」と自分の思想を説いたヴィトゲンシュタインは次第に変人扱いされるようになったが、それでも本人にとっては希望を感じる日々であったという。ところが、それも長くは続かず、教職を辞してしまう。

南東側のテラスより見る。装飾を徹底的に排除した、白いボリュームが連なる外観

ガラスサッシュは場所によっては二重になっている。一重の両開きドアに対してその開閉パターンは複雑で、空間に多彩な表情をつくりだす

そんなとき、姉のグレーテルが建築家パウル・エンゲルマンに自宅の設計を依頼する。このエンゲルマンは、ヴィトゲンシュタインが従軍したときに知り合った友人であり、アドルフ・ロース［50頁］の弟子でもある人物だ。

あのクリムト［※1］に肖像画を描かせたというグレーテルは進歩的な価値観を持っていたようで、エンゲルマンと自宅の設計を進めていたが、ここにヴィトゲンシュタインが関わりはじめる。結局、設計変更を進めるうちに、ヴィトゲンシュタインが計画を掌握してしまったのだ。

平面計画から建具のディテールに至るまで、彼の図面と監督によって施工がなされ、すべての窓、扉、放熱器などに、まるで精密機械のような精度が求められた。部屋のコーナーに取り付けられた放熱器を例に取ると、オーストリアでつくられた試作機に満足がいかず、それぞれの部品を海外から輸入した。しかし満足行く精度にならなかったようで、実験を繰り返しながら製作を続けていくうちに、完成して搬入されるまでに1年もの期間が過ぎていたという。グレーテルは、お金と時間に関してはまったく制約を設けなかった。窓や扉に至っては、背が高く横桟《よこざん》がないため製作が難しいということで、8つもの製作所に相談をしていたが難航。やっとのことで引き受けてくれた製作所は何ヶ月も掛けてこのサッシュを製作したのだが、ヴィトゲンシュタインは「使い物にならない」といって突き返してしまった。最後に引き受けた製作所の技術者がヒステリー状態になっても彼は

※1　グスタフ・クリムト（1862〜1918）。19世紀オーストリアを代表する画家。女性の身体をモティーフとした、官能的で装飾性のある表現が特徴

Data
所在地：ウィーン（オーストリア）
階　数：地上3階

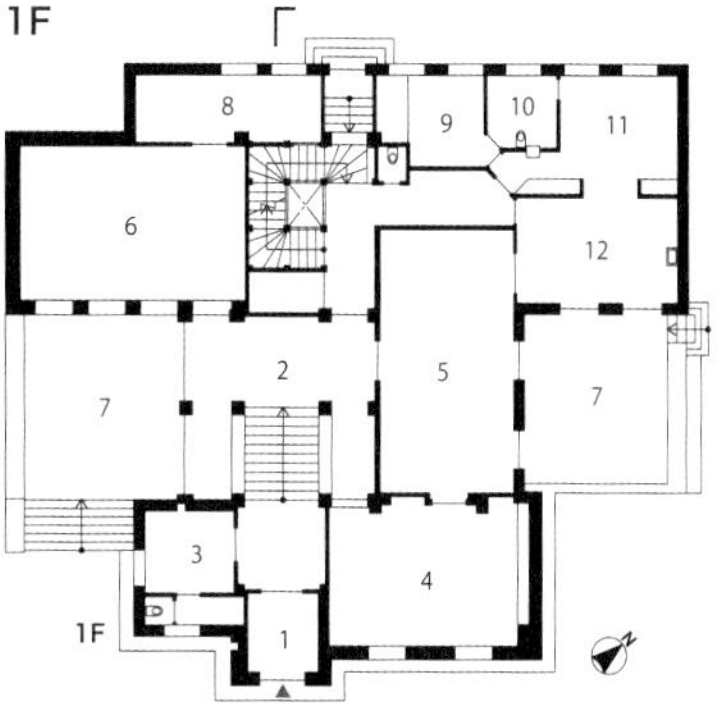

断面図

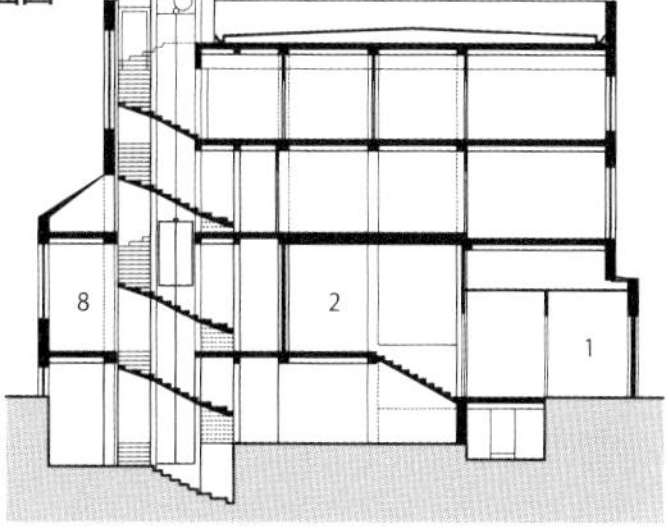

1. エントランス
2. ホール
3. 朝食室
4. 図書室
5. 音楽室
6. ダイニング
7. テラス
8. キッチン
9. 女中部屋
10. 浴室
11. 寝室
12. リビング

あきらめず、執念の結果としてようやく仕上がったものだという。最後に、彼の強力なこだわりと執念が伝わるエピソードを1つ挙げよう。ようやく家が完成して完成前の清掃に入っていたにも関わらず、彼はホールの天井を3㎝上げる、という決断を下した。プロポーションに関しては大変な感覚の持ち主だったというが、無慈悲なまでに妥協を許さない姿勢が表れている。そしてこの仕事が終わると、彼はイギリスの大学に請われて、哲学の世界へと戻っていった。

実際にその空間を訪れると、シンプルな外観はロースの建築にも通ずる印象があるが、内部空間はまったく違う雰囲気に包まれる。ロースは外観とは対比的に、内部はかなり素材感が強く、ある意味享楽的な空間をつくるが、この住宅の内部はある種の緊張感を纏《まと》ったまま、決してそのテンションを弛《ゆる》めることが無い。一つひとつのエレメントが、「これ以外の回答があるのか？」と言わんばかりに、喉元に刃物を突きつけるように迫ってくるのだ。

ヴィトゲンシュタインの残した断章に次のような一文をみつけた。彼がこの建築に込めたものを端的に示唆しているように感じるのは、自分だけだろうか。

「建築は、なにかを永遠のものにし、なにかを賛美するものである。だから、なにも賛美しないような建築など、存在しない。」

Lovell House

突きぬけた先にあるもの

ロヴェル邸

設計｜リチャード・ノイトラ
竣工｜1929年

建物を南東より見下げる。丘を彫り込むようにして建つこの住宅は、構造体からガラスのファサードに至るまで、工場生産の精緻な鉄製部材で支えられている

アメリカ初のスチール住宅であるこの建築は、ノイトラ独立後の初期に完成し、批評家達に絶賛された。以降彼は、多作な建築家として数多くのモダン住宅を手がけていくことになった。いわば、この住宅でその後の作風を確立したと言えるのかも知れない。彼のそれまでの経歴をみていると、そこに辿り着くまでの道筋に、かなり濃縮された時代の変化が垣間見えるような気がしてくる。

1892年、ウィーンに生まれたリチャード・ノイトラの生家はユダヤ系で、フロイト［※1］やシェーンベルク［51頁・※1］家と家族ぐるみの付き合いがあるような環境で育った。8歳の時にウィーン市営鉄道に初めて乗り、その建築を手がけたオットー・ワーグナー［13頁・※2］に魅せられる。ワーグナーとロース［50頁］に影響を受けながらウィーン工科大学を卒業した後、兵役を経てドイツのルッケンヴァルデ市建築家を任命され、市のマスタープランづくりに携わった。その後、表現主義の建築家であるエーリヒ・メンデルゾーンの事務所に勤めるも、2年ほどでヨーロッパを後にして渡米。ニューヨークで製図工として働いた後に移ったシカゴで、フランク・ロイド・ライト［21頁］に出会った。ライトの師である、ルイス・サリヴァン［※2］の葬儀でのことだ。学生時代から作品

※1　ジークムント・フロイト（1856年〜1939年）。オーストリア出身の精神科医。精神分析学の創始者｜※2　（1856〜1924）。アメリカを代表する建築家。鉄骨造高層建築の発展に寄与した

エントランスホールよりリビングを見下ろす。3層吹き抜けの高い天井とガラス窓に覆われた南向きの空間には、たっぷりと日差しが降り注ぐ

集を通じてライトを尊敬していたノイトラは、この出会いの後ライトのもとで働くことになったものの、失望感を感じて3ヶ月で辞めてしまう。その理由は、ライトの重厚感ある石造好みと、装飾の多用にあったという。そして1925年2月、シンドラー邸［12頁］の玄関に彼はいた。シンドラーとはウィーン時代からのつながりがあり、結局そこに5年間住みながら5歳年上であるシンドラーの助手を務めた。そしてシンドラーとのパートナーシップを解消して、すぐに完成したのがこのロヴェル邸、通称・健康住宅である。世紀末的雰囲気を華やかに建築表現として遺したワーグナー、歴史的因習を否定し装飾を拒否したロース、学生時代から尊敬していたライトとの邂逅を経て、西海岸に創りだしたこの住宅には、時代のコマをひとつ動かすような突き抜けた勢いを感じる。

もちろん、西海岸の開放的な空気感もあっただろう。しかしそこに辿り着いたのも、そこにシンドラーが居たからと言うだけではないのだ。ノイトラは「バイオリアリズム」という言葉を使って、人間と自然環境との間に身体的な接触が必要であ

Data
所在地：カリフォルニア
（アメリカ）
階　数：地上3階

1. ポーチ
2. プール
3. 洗濯室
4. リビング
5. 図書室
6. ダイニング
7. キッチン
8. ゲストルーム
9. エントランス・テラス
10. エントランス
11. 寝室
12. スリーピング・ポーチ
13. 書斎
14. 浴室

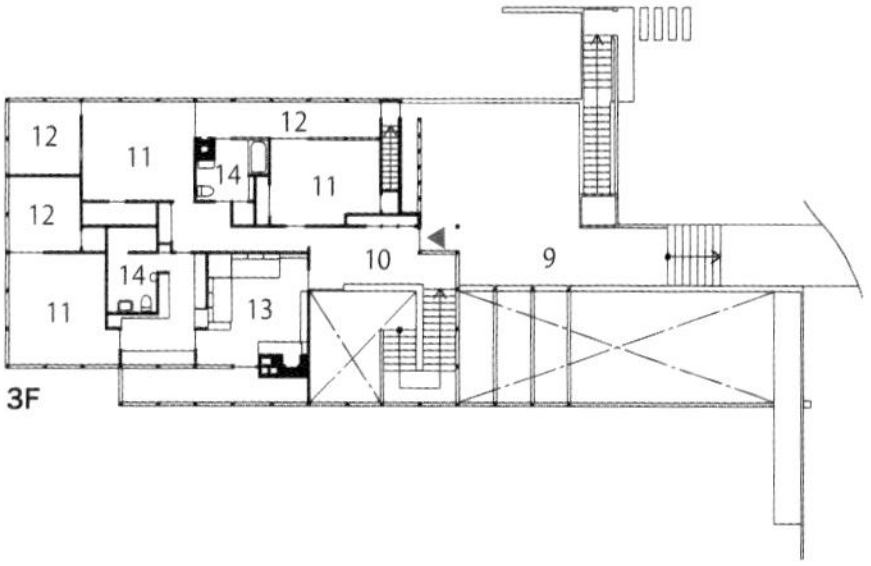

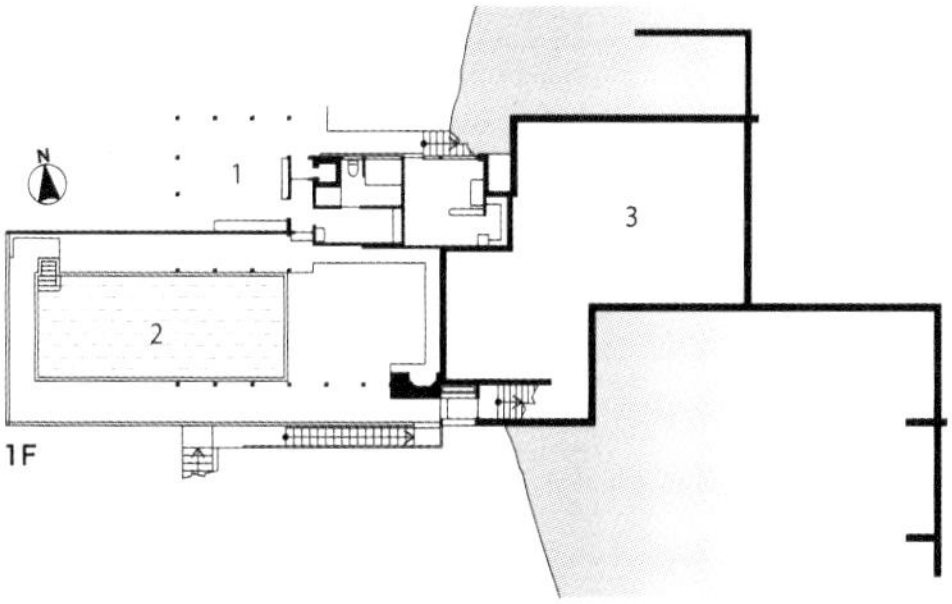

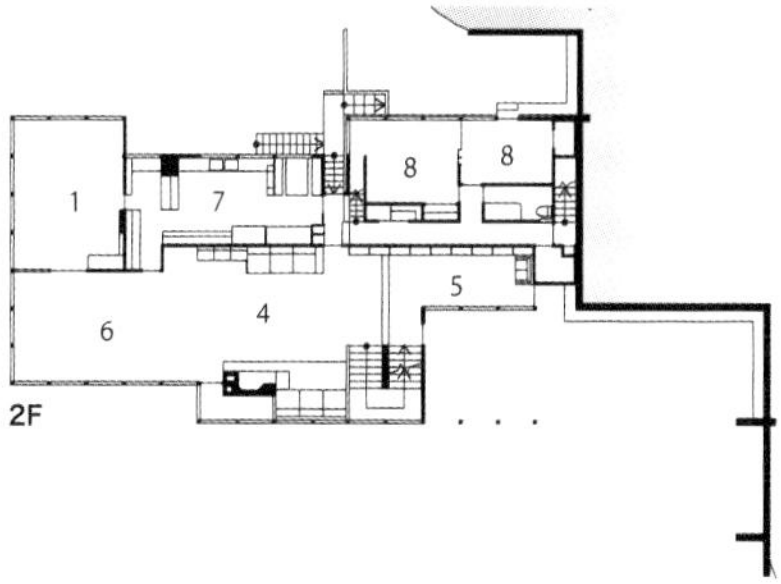

るという仮説を立てている。それゆえ、自然に触れ、水平線を眺めることを受け入れる温暖なカリフォルニアに惹かれたのだ。この鉄骨造の住宅は、ニューヨークやシカゴで経験した鉄骨超高層の技術を応用して設計された。傾斜地の上部から橋を渡るようにアプローチし、吹き抜けの明るい階段室を徐々に降りていくと、最下層の接地面にあるプールへと辿り着く。ガラス面の多い開放的な内部空間も当時としてはかなりのインパクトをもって受け入れられたことだろう。しかし、私にはこのプールと周囲のスペースこそが、究極の目的空間だったのではないかと思える。その空間が建築に守られながらも、ダイレクトに自然とつながるスペースになっているからだ。施主のロヴェル博士は自然療法による治癒を提唱し［14頁・※3］、健康維持のための住宅をノイトラに依頼した。その施主に対して、データを丁寧に示すことで応えたノイトラ。この「健康住宅」が今日なおメッセージを発し続けているのは、秘された目的空間のもつ力によるものなのかも知れない。

E・1027

海辺の家

E・1027

設計｜アイリーン・グレイ
竣工｜1929年

「モノトーンな家具とその設営ぶりに、これほどの風格と魅力、機知に富んだ形をあたえているのは、その類い稀な魂なのです」。E・1027をこう賞賛したのは、かのル・コルビュジエ［67頁］である。アイルランドの貴族階級出身であるアイリーン・グレイが手がけたこの建築は、1929年、彼女が51歳のときに完成した。コルビュジエの「サヴォア邸」［60頁］の完成が1931年であることを考えると、この洗練された建築の先進性が分かる。

もともと、家具やインテリアのデザイナーとしてその名を知られていたアイリーン。富裕層向けに、漆芸《しつげい》を特徴的に用いた椅子や屏風などをデザインしていた。そんな彼女が建築へと向かうことを助けたのは、建築雑誌『ラルシテクチュール・ヴィヴァント』［※1］を発行していたジャン・バドヴィッチだ。彼は、アイリーンよりも14歳下の建築家・編集者であり、当時の彼女のパートナーだった。フランス国籍をもたないアイリーンは、E・1027建設のための敷地を南仏でみつけると、バドヴィッチの名義［※2］で購入。現場の近くに小さなアパートを借り、3年にわたって建設に携わった。道路から敷地へのルートは整備されておらず、資材を人力で運ぶ必要があり、建設には困

南側外観。海から高さ30mほどの岩場の傾斜地を利用して建てられた。1階の床はピロティで支えられている。庇付きのテラスが外部との中間領域をつくりだしている

※1　国内外の前衛的建築をフランスに紹介し、その普及の一翼を担った雑誌｜※2　当時のフランスは、フランス国籍をもつ者に限って土地の購入が許されていた

北側外観。リビングから海岸への動線として確保されたテラス（写真右）は、ハンモックを吊れるほどの広さと庇がある。ここへの出入口は、仮眠スペースへの通風と採光用の窓としても機能する

難が伴ったという。ちなみに、「E・1027」という暗号めいたネーミングは、バドヴィッチとアイリーンの名前にちなんだもの。EはアイリーンのE。10はジャンのJ（アルファベット10番目）、2はバドウィッチのB、そして7はグレイのGを表す。建築の設計に際しても、バドヴィッチはアイリーンにいくつかのアドバイスを与えたらしい。

かくして完成したこの建築は、モダンな構成というだけではなく、内部の造作が非常に精緻かつ高密度にデザインされていることに驚かされる。そのデザインは、建築内部での人のアクティビティに常に寄り添っていく。その設計精度の高さは、建築、家具のように明確に仕分けできないほどシームレスだ。ただし、キッチンを唯一の例外として（アイリーンは生涯メイドを雇っていたので、キッチンの使い方にだけは疎《うと》かった）。さらに特徴的なのは、建築と、その土地の持つポテンシャルとをつなげようとしていたこと。これは、「どこにおいても建築の価値は変わらない」という思想を当時標榜していたコルビュジエと異なるところだ。そして、密度の高い造作家具と、モダンにデザインされた置き家具、

ダイニングよりリビングを見る。サッシは回転式で、屏風のように収納でき、折り畳めばリビングとテラスを一体的に使うことができる

シンプルな余白としての壁が、繊細な緊張感を生みながら美しいコントラストを生んでいる。ところが、あるとき事件が起こるのだ。

バドヴィッチに許可を得たコルビュジエが、家中の壁という壁に絵を描いてしまった。それは、女性のヌードをモティーフとした官能的なもので、アイリーンを激怒させた。以来、彼女は亡くなるまでこの建築に近寄ろうともしなかった。

「この家に貴女が明示した〈純粋にして機能的建築の本質〉を、私がお節介にも絵を描いて台無しにしてしまった、そのことを私の世界的な権威の上に立って、証言して欲しいというわけですね。よろしいでしょう、それでは、純粋なる機能主義を歪曲したという証拠写真でも送って下さい」。これはコルビュジエがアイリーンに宛てた手紙からの一文である。さらにコルビュジエは、この建築の作者がアイリーンであることを記さずに、自分の絵と共に作品集に掲載。バドヴィッチも最初に自身の雑誌に発表するとき、自分が作者であるかのように掲載したため、〈建築家〉としてのアイリーンは、彼らの手で葬り去られてしまった。

シックなカラーの家具とのコントラストや、空間の奥行きを演出するために無地白色で設けられた衝立壁《ついたてかべ》は、コルビュジエの手によって鮮烈な色使いの壁画に変えられた。地図様の絵画（写真右）はアイリーン作

バドヴィッチが亡くなると、この建築は売りに出されることになった。一番高値を入れたのはオペラ歌手マリア・カラスと一時を過ごした海運王オナシスだった。ところがコルビュジエが裏から手を回して、友人のマダム・シュルベールに落札させてしまう（彼女はコルビュジエの作品だと思っていたという）。現在、この建築が残るのは、ある意味、この住宅と自らの壁画に対する、コルビュジエの執拗なまでの執着のお陰とも言えるのだ。これに留まらず、この場所に固執した彼は「E・1027」のすぐ上に、〝カップ・マルタンの休暇小屋〟として知られる自らのための簡素な別荘をつくっている。

98歳まで生きたアイリーンは、最後の数年間で急に世間から注目されるようになった。それでも、パリのアパートで隠遁生活を送り続けた彼女。最期には身辺にあった手紙や資料を焼き捨ててしまう。プライヴェートな情報はかなり灰燼《かいじん》に帰してしまったが、その作品は残り、今なお人々の心に凛とした印象を刻み続けている。

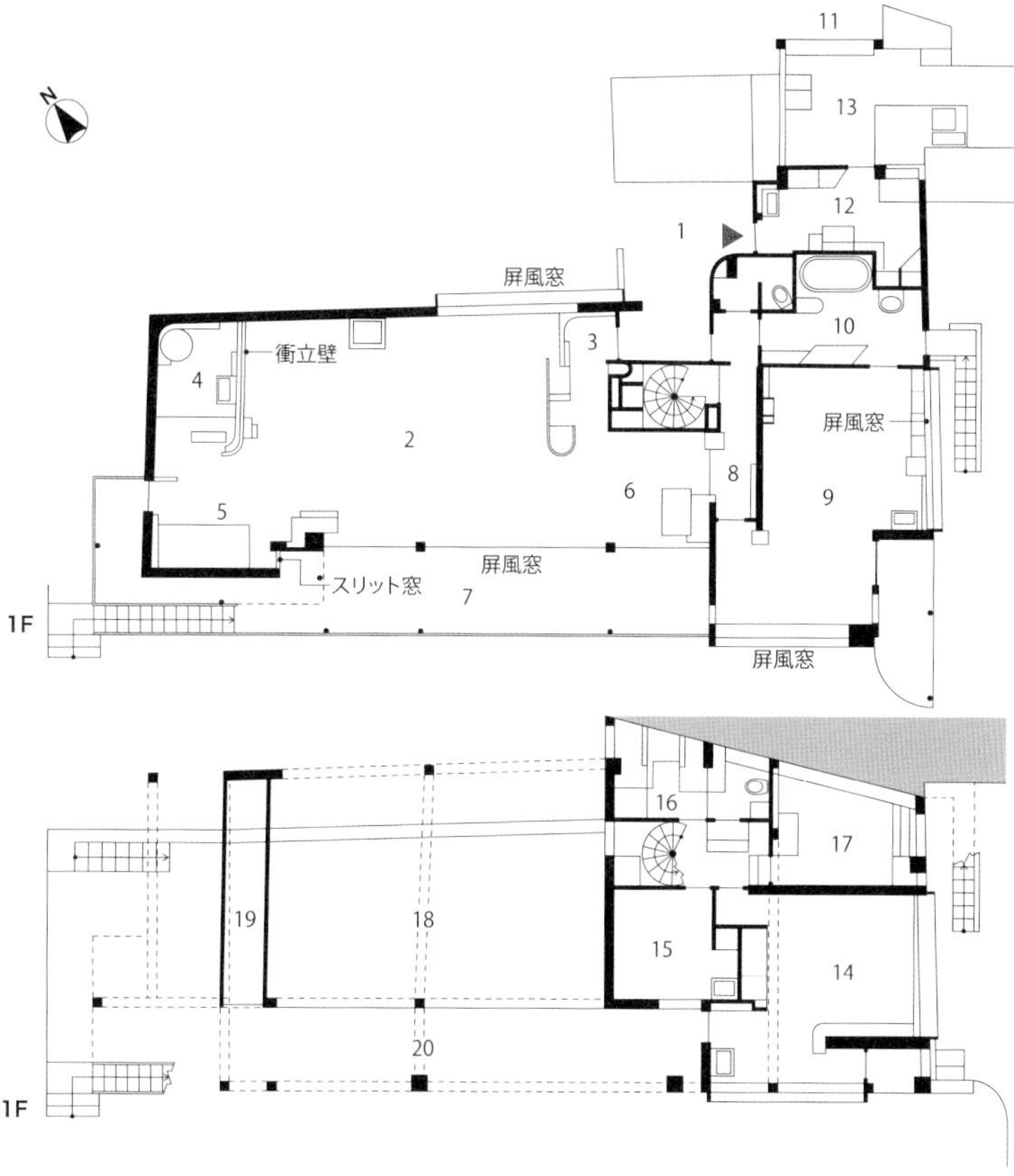

1. メイン・エントランス
2. リビング
3. ワードローブ
4. シャワールーム
5. 仮眠スペース
6. ダイニング
7. テラス
8. バー
9. 寝室
10. 浴室
11. 通用口
12. 冬用の台所
13. 夏用の台所
14. ゲストルーム
15. 使用人部屋
16. 暖房
17. 作業場
18. 家の下のテラス
19. 納屋
20. ピロティ

Data
所在地：ロクブリューヌ
（フランス）
階　数：地上2階

Architect Column 02

Eileen Gray

アイリーン・グレイ

1878.8.9−1976.10.31

Works

ガラスサイドテーブル〈E・1027〉
（1929／カップ・マルタン）

トランザットチェア
（1929／カップ・マルタン）

ビバンダムチェア
（1929／カップ・マルタン）

テンペ・ア・パイア
（1934／マントン）

二人の結婚は駆け落ちだった。母はアイルランドの貴族階級出身。父は中流の画家。母からは生活に困らないほどの資産を、父からは芸術家としての気風を受け継いだ。アイリーンにまつわる数少ない資料に、古い2枚の写真がある。幼い頃に住んでいたシンプルなジョージ王朝風［※1］の家と、それを姉の結婚相手がチューダー朝風［※2］に改築した後の姿だ。改築した家の仰々しさを、彼女は嫌悪していたという。

美術学校を卒業しパリに出たが、母の体調不良でイギリスに戻る。そこで偶然見つけたのが、漆器《しっき》の修理店。中国や日本の屏風に惹かれていた彼女は、そこで働かせてほしいと懇願する。その後再びパリに出て、その後の作品に深く関わる一人の職人と出会う。漆工芸家・菅原精造だ。菅原から手ほどきを受けながら、彼女は漆《うるし》の艶や色などの質感を生かしたテーブル、椅子、屏風などを手がけていく。なかでも有名なのは幾何学的に漆板を積み重ねることで半透過のパーティションをつくった『ブリック・スクリーン』だ。

パリに構えた「ジャン・デゼール」は、そうして生み出された家具などを富裕層向けに提供するためのショップだった。やがてアイリーンは、顧客の求めに応じて、カーペットや壁面装飾、家具や照明器具に至るまで、部屋全体をトータルでデザインするようになる。小さな漆器から始まった彼女の仕事は、こうして空間への視点を獲得していった。

幼いころに彼女が過ごした空間の清々しさは、常に手がける作品に寄り添っていたのではないだろうか。空間に気品というものがあるとすれば、それこそが彼女が守り通したものであり、コルビュジエを苛立たせたもののように思えてならない。

１９６８年に雑誌「ドムス」でアイリーンの仕事に関する記事が掲載されると、彼女の仕事は徐々に再評価される。そして２００９年のこと、アイリーンが１９１０年代に製作した『ドラゴンチェア』は、家具としては当時最高額の１９５０万ドル（約28億円）という驚くべき価格で落札されたのだ。

Profile　アイルランド出身。女性インテリアデザイナー、建築家の先駆けとなった人物。合理性を求めて無機質化したモダニズム時代の建築を「背景」として捉え、家具や照明などをレイアウトし、内部空間をつくり出す方法を実践していった

※1　17〜18世紀英ハノーヴァー朝で発展した建築・工芸様式。直線、左右対称を基調としたシンプルな意匠が特徴
※2　15〜17世紀初頭英のチューダー王朝で発展した建築・工芸様式。豪華絢爛な意匠が特徴

Chapter 2

Villa Müllar ／ Adolf Loos
［ミュラー邸／アドルフ・ロース］

Villa Tugendhat ／ Mies van der Rohe
［トゥーゲントハット邸／ミース・ファン・デル・ローエ］

Villa Savoye ／ Le Corbusier
［サヴォア邸／ル・コルビュジエ］

V.D.L.Research House ／ Richard Neutra
［V. D. L. リサーチ・ハウス／リチャード・ノイトラ］

Maison de Verre ／ Pierre Chareau
［ガラスの家／ダルザス邸／ピエール・シャロー］

Fallingwater ／ Frank Lloyd Wright
［落水荘／フランク・ロイド・ライト］

Villa Mairea ／ Alvar Aalto
［マイレア邸／アルヴァ・アアルト］

Villa Müllar

その素材感が隠していたものは

ミュラー邸

設計｜アドルフ・ロース
竣工｜1930年

敷地北東側より外観を見る。外観は極めてシンプルで、スタッコ塗りの簡素な矩形のボリュームに簡潔に小さな窓が穿たれている

「僕は君のことを度々、思い出している。もし僕にお金があったら、君に住宅を設計してもらって、そこに住みたいと思っている」とロースに手紙を送ったのは、音楽家のシェーンベルク［※1］である。実はシェーンベルクがロースの設計手法である〈ラウムプラン〉について、かなり深く理解していたことが本人の残した文章から伺える。

「ロースの建物は、立体として空間の中で考えられ、工夫され、構成され、形態化されたものであり、当座しのぎものや、手助けとなる床面や、立体や断面も必要としなかったのである。まさに物全体が透明であるかのように……」

これを本人は〝ずぶの素人の発言〟と書いているが、ロースの設計手法を実に良くあらわしている。それは、2次元の〈間取り〉に高さを与えていく手法とは、はっきりと一線を画すやりかたであるといえる。〈ラウム（空間）〉で切り取られたボリュームとしての諸室を、大きな箱の中に立体的に配置しているのだ。

ロースが建設会社の経営者夫妻から、この贅《ぜい》を尽くした住宅の依頼を受けたのは1928年のこと。そして、2年後に完成を迎えている。

実際にミュラー邸を訪れてみると、それが想像以上に大きなボリュームの住宅であることに驚かさ

※1　アルノルト・シェーンベルク（1874〜1951）。オーストリアの作曲家、指揮者

リビングより上階への階段を見る。採光のために上方が開口となった階段腰壁は大理石。階段を上ると、ダイニング（写真左奥）、婦人室（写真右上）があり、各室がリビングスペースと立体的に連結している

れた。傾斜地に半分埋め込まれた大きなボックスには、穴のように窓が穿《うが》たれている。外観の窓の配置からは、階層の切り変わりを読み取ることができない。これは、前述の手法による効果だ。そして、この大きな住宅が周囲の環境にあまり依存していないことにも気づかされる。それなりの窓は開いているものの、外部環境、特に地面に生活空間を「委ねる」意図をあまり感じないのだ。まるで都市の密集地に建つかのように、ボックスが敷地環境から切り離されて屹立《きりつ》している。外からは、内部に濃密な空間性を宿していることを窺い知ることはできない。

　これと同時期に同様の手法で設計された住宅に「モラー邸」がある。ミュラー邸よりも3年早く完成したこの住宅も、同様の手法で設計されているのだが、その内部空間はシンプルで、驚くほどにモダンな印象だ。一方、ミュラー邸の内部空間で展開されるシーンの連続には、大理石やマホガニー、檸檬《れもん》材、ウォールナットなど、個性の強い素材が用いられる。クラシカルな置き家具の効果も相まって、全体に前時代的な雰囲気をもつのだ

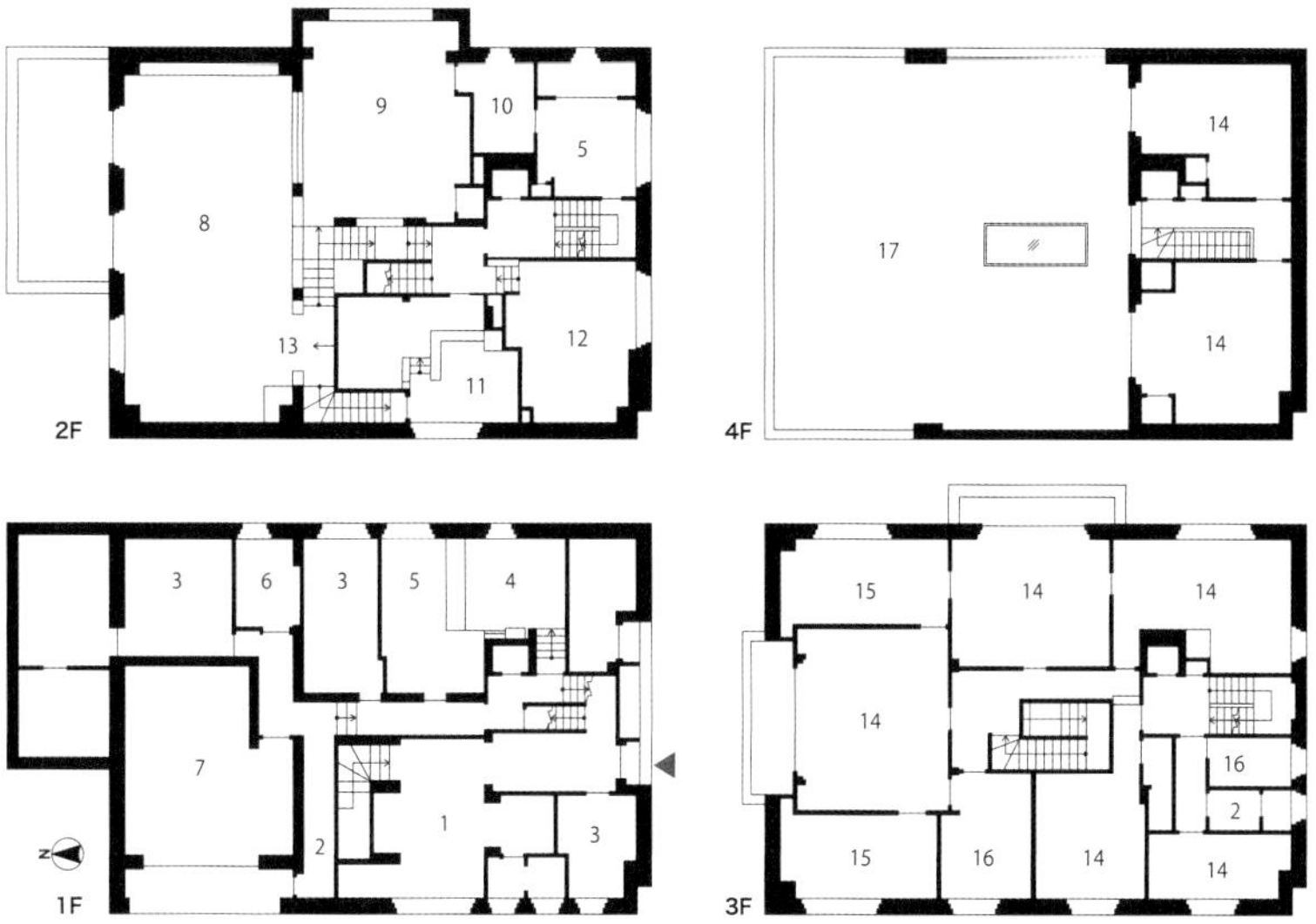

1. エントランス
2. トイレ
3. 物置
4. ボイラー室
5. キッチン
6. 使用人室
7. ガレージ
8. リビング
9. ダイニング
10. 配膳室
11. 婦人室
12. 図書室
13. エントランス・ホールより上がったところ
14. 寝室
15. 衣装部屋
16. 浴室
17. ルーフテラス

Data
所在地：プラハ（チェコ）
階　数：地上4階

が、そこにはまるで目くらましのように、空間構成のモダンさを包み込んでしまう力がある。それゆえに、モラー邸のシンプルな仕上げの構成に設計手法の先進性を再認識するのだ。

　ロースが施主から受けた依頼内容は、かなり贅《ぜい》を尽くした住空間であったはずで、この高級材を惜しげもなく使った空間は、施主の求める（安心する）住空間の雰囲気との接点になっていたと考えると、この素材感に〈目をくらまされていた〉自分に気づかされることになる。

　ロースという建築家には、どうしても著書『装飾と犯罪』の内容［※2］に象徴されるような、当時の状況に対する反動的な言動や、その作品のもつ強い素材感に振り回されてしまうところがある。彼の言動の根底には、世間から認められていた同じ歳のヨーゼフ・ホフマン［※3］などと比べて、自分が不当に虐げられていると感じていた怒りもあっただろう。しかし、彼の建築手法の根底にある〈ラウムプラン〉がもつ近代性《モダニティ》が浮かび上がってくるとき、まるで霧が晴れていくように気づかされることが、今日なおあるのだ。

※2 「装飾は犯罪（害悪）である」と、伝統的建築とその装飾性を強く断罪。合理的・機能的デザインを追求した｜※3 ヨーゼフ・ホフマン（1870〜1956）。オーストリアで活躍した建築家、デザイナー。工芸的で曲線を多用したデザインに直線を基調としたデザインをミックスし、単一で良質な製品を探究。20世紀のデザイン運動に大きな影響を及ぼした物

Villa Tugendhat

一本の線

トゥーゲントハット邸

設計｜**ミース・ファン・デル・ローエ**
竣工｜1930年

南向きの急斜面に建つ3階建ての住宅。最上階にメイン・エントランスが配されている

チェコの首都プラハから約200キロ、ブルノにその住宅はある。現在は世界遺産となっているこの住宅が、竣工当初の状態に戻されたのは最近のことである。

施主のトゥーゲントハット夫妻は、結婚したばかりの裕福なユダヤ系実業家一家だった。妻の父親が娘の選ぶ建築家に建てさせることを約束していて、ミースに白羽の矢が立った。この住宅が竣工したときミースは43歳、同年バウハウス［※1］の校長に就任。前年には名作バルセロナ・パヴィリオンが完成している。ところが、その後に第二次世界大戦が勃発、ヒトラー率いるドイツ軍が侵攻してきたため、住み始めて10年経たぬうちに家族は南米に逃れることとなってしまう。元ユダヤ人所有の大豪邸は目立った存在だったようで、ドイツ軍に接収され、軍が撤退した後はロシア軍が進駐、戦後はソ連の共産党所有を経てチェコ共産党の所有になり、一時はバレエ学校としても使われた。破壊は免れたものの、満身創痍のこの住宅を元に戻そうという動きは1960年代に入ってからのことだだった。

建築家ミース・ファン・デル・ローエは1886年、ドイツ・アーヘンの生まれ。二代続く大理石細工師の家に生まれた。独学で建築を学んだにもかか

※1　20世紀初頭にドイツで設立された美術学校。合理的かつ機能的なモダニズムデザインの基礎をつくりあげた

リビングを見る。大ボリュームのオニキス製の間仕切り（写真左）が空間を仕切る

わらず、ミースは非常に卓越した図面を描いたという。そのためベーレンス［※2］の事務所に職を得て、研鑽を積んだ（この時、グロピウス［※3］とも職場を共にしている）。

近代建築の三大巨匠というと、ライト、コルビュジエ［67頁］、そしてミースの名が挙げられることが多いと思うが、いわゆるインターナショナル・スタイルを明確に打ち出した建築家は、と問われると、このなかでは初期のコルビュジエなのだと思う（晩年になるほど、それでは括れない広がりが展開されるけれど、それについては別の章にて）。ライトは工法的にも素材の使い方なども当てはまらず、インターナショナル・スタイルとは明確に距離を置いていた。ではミースは?と言われると、意外にもその立ち位置にはグレーなものを感じるのだ。

キャリアの初期には、多角形平面に全面カーテンウォール［※4］を組み合わせた高層建築案「ガラスのスカイスクレーパー」を提案し、鉄やガラスという新しい素材の可能性と、それらがもたらす空間の先進性を提示してみせた。その数年後に発表した煉瓦造の住宅案では、自立する分厚い煉

※2　ペーター・ベーレンス（1868〜1940）。ドイツの建築家、インダストリアルデザイナー。家電や文房具などを規格化して機械生産を推し進めた。代表作に、ヘキスト染色工場（ドイツ）［138頁］など｜※3　ヴァルター・グロピウス（1883〜1969）。ドイツの建築家。コルビュジエ、ミース、ライトともにモダニズム建築の発展に寄与した人物

リビングよりダイニングを見る。
ダイニングを半円状に囲んでいる
のは合板の間仕切り

瓦の壁たちを、近づけたり離したりと、自在に配置することで、完全に区切られることのないオープンな空間配置のモデルをつくりだした。こういった経過を経て、「ワイゼンホーフ・ジートルング〔※5〕」では、インターナショナル・スタイル寄りの集合住宅を残したのである。そしてその直後にバルセロナ・パヴィリオンを手がけるのだ。そこまでのミースには、近代建築の潮流を吸収しながらもその流れをじっと伺っているような客観的視線を感じる。ところがバルセロナ・パヴィリオンの空間を構成する十字のスチール柱やガラス、何よりも石の使い方に〈モノ〉の強さに信頼感を置いた空間への意志を感じるのである。

　このトゥーゲントハット邸は、外観こそミース唯一の「白い箱」の住宅であるが、そのディテール（特に内部空間）に展開されている豊穣な世界は〈モノ〉へのこだわりに溢れている。スチールの柱にクロームメッキのカバーを被せた十字柱、玄関や温室などの床に使われている大理石（トラバーチン）の扱い、食堂を取り囲む黒檀の木目も美しい曲面間仕切り、手摺のディテール、エッチング加工さ

※4　柱と梁が建築物の荷重を支えることで、非耐力となる壁のこと。金属やガラスなどの軽量素材でつくられる｜※5　1927年ドイツ工作連盟主催の住宅展覧会で、ヴァイセンホーフ（ドイツ）に建設された全33棟の実験住宅群。ドイツを中心とした17名の建築家が参加した

バルセロナ・パヴィリオン内観スケッチ。ここでもオニキスの間仕切壁がプランの中心に設けられており、圧倒的な存在感を放っている

れた曲面ガラス等々……。リビングにあるオニキス壁に至っては、7㎝の無垢板を3・17mの天井いっぱいに嵌《は》め込んでいる（当時、このオニキスの石板5枚で並の家が一軒建つほどのコストがかかったという）。リビングのガラス窓は、電動で下階に収納されることでフルオープンになり、空調もセントラルヒーティングと局所暖房が二重装備されているなど、近代的な設備に対しての挑戦も試みられている。建設コストがコルビュジエの「サヴォア邸」［60頁］の10倍もかかったというと、そのこだわり具合が伝わるだろうか。

石工の家に生まれ育ったミースは、幼少期から〈モノ〉のもつ力を肌身に感じていたのではないだろうか。近代化への潮流に身を委ねながらも、それを信じることでインターナショナル・スタイルという言葉だけでは括れない建築のありかたへとつながっているように思えるのだ。

ナチス統治下のドイツでバウハウスの存続を探っていたミースだったが、結局、近代建築を目の敵にした政権の圧力によって閉校に追い込まれ、ミース自身もアメリカに亡命することになった。

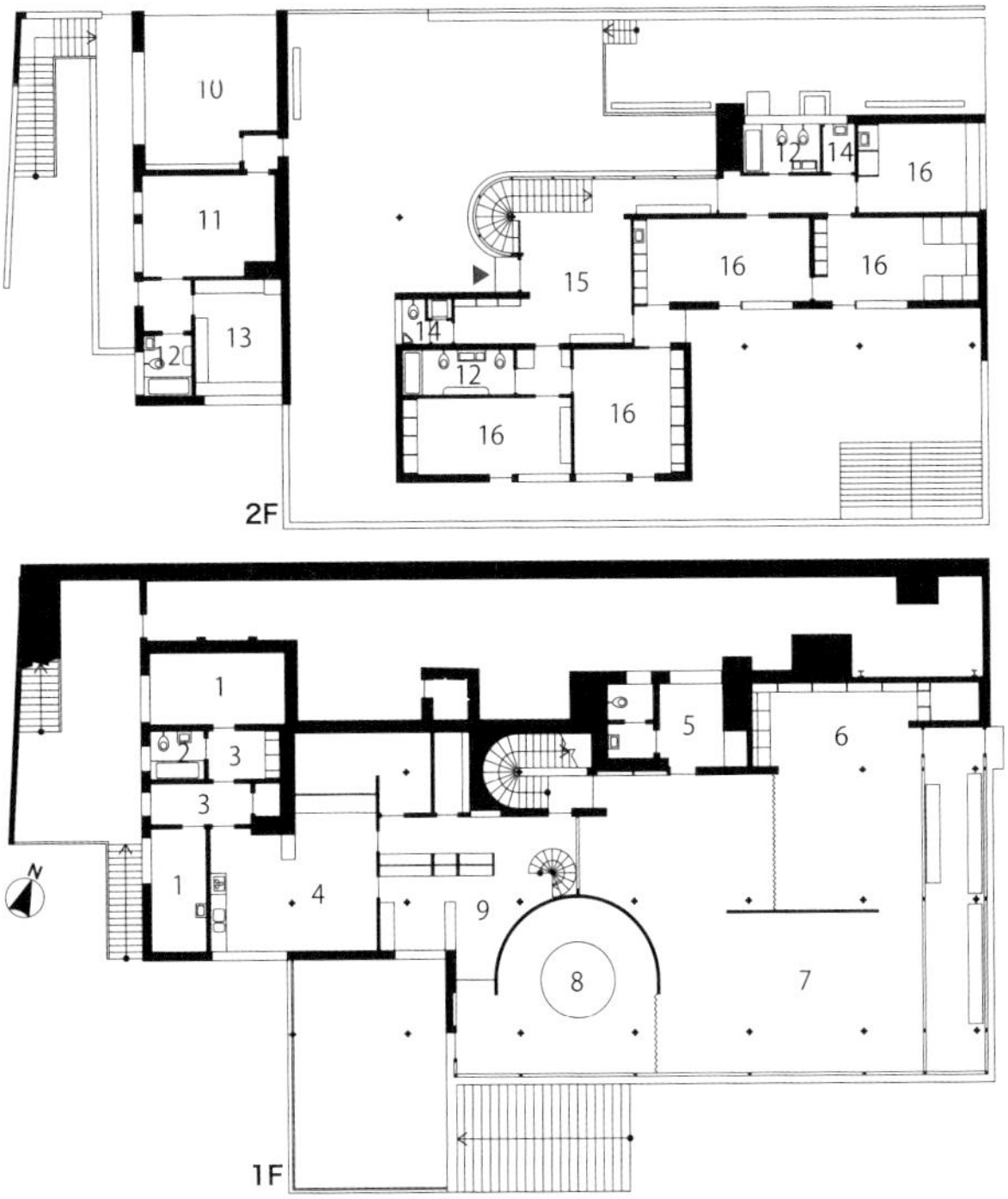

1. 使用人部屋
2. 浴室
3. 物置
4. キッチン
5. トイレ
6. 書斎
7. リビング
8. ダイニング
9. 配膳室
10. ガレージ
11. 物置
12. 浴室
13. 運転手の部屋
14. トイレ
15. エントランス
16. 寝室

Data
所在地：ブルノ（チェコ）
階　数：地上3階

そうしてアメリカの地を踏んだミースは、ライトのもとを訪ねた。19歳年上のライトは歓待し、当初は午後の訪問の予定であったところ、4泊もタリアセンに留め置いたうえ、自作の案内までしている。その前にライトに会いに来たグロピウスも、「彼とは握手をしたくない」とまでいわれたコルビュジエも、タリアセン訪問を拒絶されているのは有名な話だが、歓迎された理由がミースが獲得した空間の質にあるのだと思うと、妙に納得がいく。一見まったく違う作風に見えるライトとミースは、〈モノ〉のもつ力を信じ、生かすことを一つの手がかりとして設計していくという共通点を稜線《りょうせん》のようにして、一本の線でつながっていたのだ。

バルセロナ・パヴィリオン
内観スケッチ

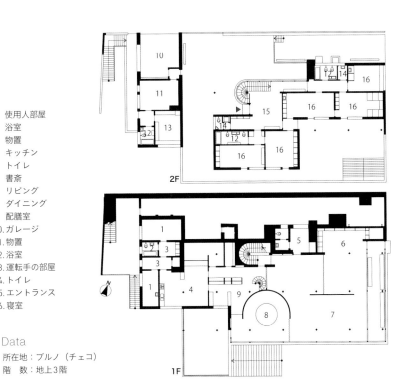

Villa Savoye

そのとき、「ル・コルビュジエがうまれた」

サヴォア邸

設計｜**ル・コルビュジエ**

竣工｜1931年

※1　時計製造業の代表的都市｜※2　(1874〜1954)。ベルギー出身。RC造建築の先駆的建築家｜※3　パリの高等美術学校。17世紀、王立建築物や工芸品をつくる職人を養成するために設立された。古典主義的な作品を理想としている

敷地西より建物を見る。等間隔に配置された1階の円柱によって、2階（メインの住空間）が持ち上げられている。2階の壁には、水平窓が構造に縛られることなく整然と連なる

時計職人の子として生を受けたシャルル＝エドゥアール・ジャンヌレ＝グリ（後のコルビュジエ）。スイスのラ・ショー＝ド＝フォン［※1］で、家業に関係する彫金を学ぶために美術学校へ入学し、そこで巡り会った師の導きにより、徐々に建築へと傾倒していく。17歳のとき、師から紹介された住宅設計の仕事を終えると、その報酬で長い旅へ。イタリアやウィーンを訪れ、最後にはパリに辿り着く。そこでオーギュスト・ペレ［※2］の事務所で半日の製図仕事を得ながら、エコール・デ・ボザール［※3］の講義を聴講する日々を送った。その後ドイツに渡り、ペーター・ベーレンス［56頁・※2］の事務所に勤務した後、ギリシャやイスタンブールなどを巡る長旅に出ている。この時の経験が、彼に〈建築〉を信じさせるきっかけを与える。その大きな契機となったのは、アテネのパルテノン神殿［※4］との邂逅《かいこう》であった。

30歳の時、今度は永住するためにパリに戻ると、画家のアメデ・オザンファン［※5］と出会う。2人は1920年、新たなる芸術表現を紹介する雑誌『レスプリ・ヌーヴォー』を創刊するのだが、建築に関する記事を執筆したエドゥワールは、ここで初めて「ル・コルビュジエ」というペンネームを使うのだ。彼は古典主義建築や、建築教育の

※4　古代ギリシャ時代に建設された神殿。建築様式の1つである、ドリス式建造物の最高峰と見なされている
※5　（1886～1966）。フランス出身。建築を学んだのち画家へと転向。比例と幾何学を用いて、明快な構成をつくりあげるという芸術理論「ピュリズム」（純粋主義）を築いた人物

大きなFIX窓をもつリビング。"組積造の分厚い壁と縦長の小さな窓"が主流だった当時では、画期的なデザインであった

ありかたを「建築は因習の中で窒息している」と批判しながら、「2000年来、パルテノンを見た者はここに建築の決定的瞬間のあったことを感じた」とパルテノン神殿を〈建築〉の象徴として賞賛。自動車など新しい技術によってつくられたもののなかに見いだされる新しい精神《レスプリ・ヌーヴォー》を讃えた。

こうして彼は、「ル・コルビュジエ」となり、本名では発表できなかった〈宣言〉を寄稿した（掲載された文章は、のちに名著『建築をめざして』に収録されることになる）。その後も彼はこのとき振り上げた拳を下ろすことなく、〈既存の因習〉と戦い続けた。

このサヴォア邸は、彼が唱えた近代建築の五原則［※6］を象徴する建築として紹介されることが多い。しかし実際にその空間を体験すると、近代建築のプロトタイプ、と言ってしまうにはかなりの特殊解であることを感じるのだ。たとえば、この住居がまるで重力に逆らうかのように浮いて見えるのは、1階の外周にあるピロティの影響が大きいが、これは建築の中に自動車を導く強い意志の表れだ。この住宅は、パリ郊外30kmに位置する田園地域ポワッシーに別荘として建てられた。ク

※6　ピロティ、屋上庭園、自由な平面構成、水平連続窓、自由な立面

2階螺旋階段よりスロープを見る。住宅内を貫通して設けられたスロープによって、水平連続窓から見える光景が映画のようにつながっていく

ライアントは、自動車のままこのピロティに吸い込まれ、エントランスホールの壁に沿って、流れるようにエントランスへと導かれる。壁の曲線は、車の回転半径に合わせて設計されており、クライアントが下車すると、運転手と車は、そのまま反対側の車庫と運転手部屋へと向かうのだ。この一連の動きを、広い敷地を使わず、あくまで建築の中でさばくためのピロティであった。

　室内に足を踏み入れると、螺旋階段があり、上方に伸びる大きなスロープが目に飛び込んでくる。訪問者を迎えるのは、形式的な玄関ではなく、「移動」する機能を象徴するエレメントだ。そして、大きな面積を占めるスロープを上っていくと、屋上庭園に開かれた空間が徐々に広がる。コルビュジエはこの体験を「建築的プロムナード（散策路）」という表現で説明している。「移動」とともに変化していく光景を楽しみながら、室内を巡っていくと、リビングから連続する中庭、そこから外部スロープを経て辿り着く日光浴場《ソラリウム》が見え、驚くほどに外部空間の面積比率が高いことに気付く。セーヌ川へと続く田園風景を最上階の開口部から眺

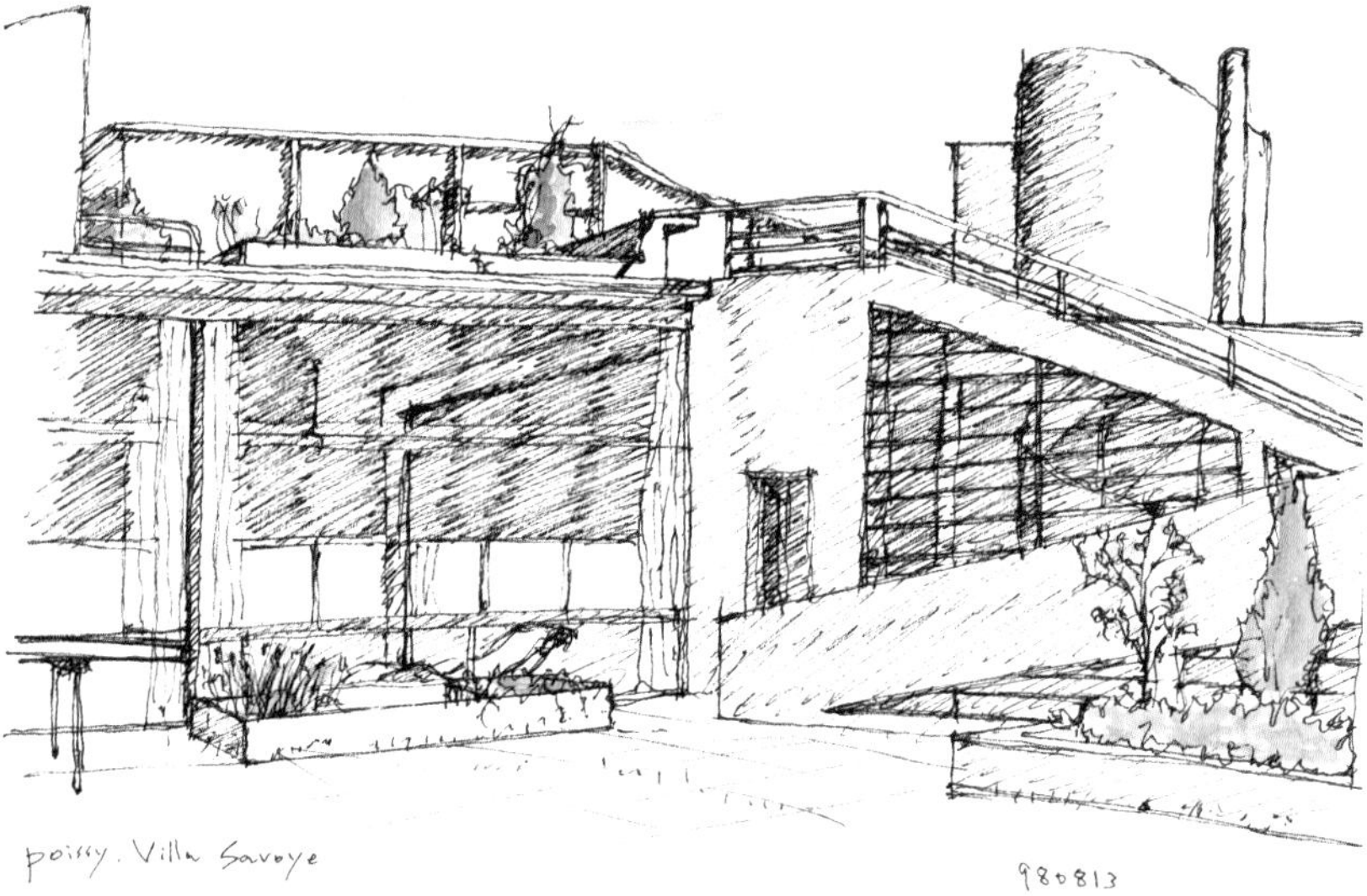

著者による2階テラスのスケッチ

めて、時にはパーティーをしたのだろうか……、と想像が巡るが、徐々に、これは立体的に積み上げられた庭と散策路のようなものなのだろう、と感じ始める。そのプログラムは、もしその規模を少し縮小したら成立しないであろうほど、恵まれた設計条件に支えられているのだ。

コルビュジエは南米での講演で、アルゼンチン郊外の田園にサヴォア邸を20軒ほど描き込んだスケッチを作成し紹介している。そこからは、彼がこの住宅が、あくまでプロトタイプとして成立することを考えていたことが伝わる。この特殊解のように感じられた住宅は、彼にとってはあくまで〈近代〉を伝えるための手段だったのだ。

晩年になってコルビュジエは、パルテノン神殿に出会った若き日の旅を、『東方への旅』という書籍にまとめた。そして、その編集を終えて1週間後に、彼は南仏カップマルタンの海に散るのだ。自らの身体を海と同化していくことで、あのとき振り上げた拳を、そっと下ろすかのように。

Data
所在地：ポワッシー（フランス）
階　数：地上3階

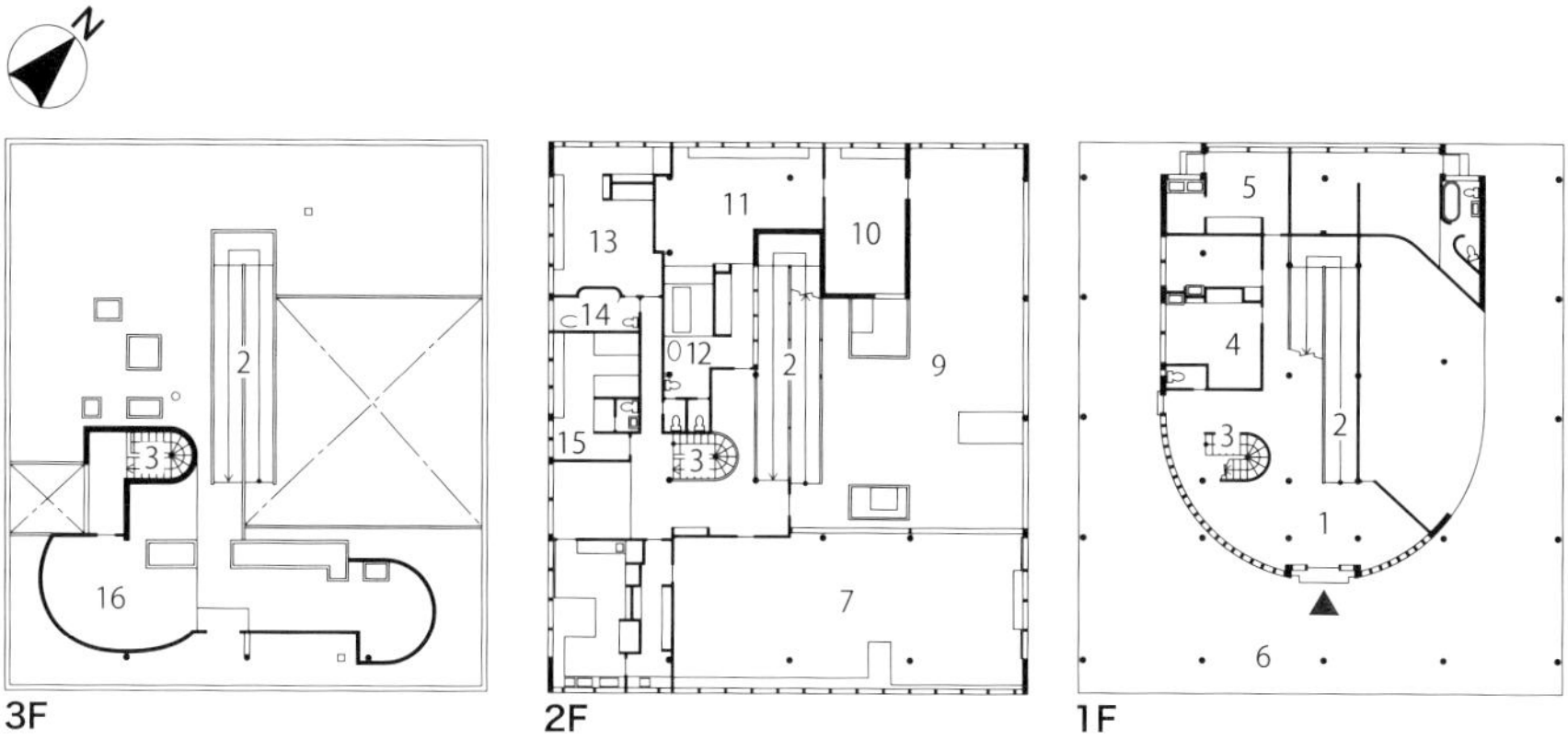

1. エントランスホール
2. スロープ
3. 螺旋階段
4. 使用人室
5. 洗濯室
6. ピロティ
7. リビング
8. キッチン
9. テラス
10. ブドワール(婦人の私室)
11. 主寝室
12. バスルーム（メイン）
13. 子ども室
14. バスルーム
15. ゲストルーム
16. ソラリウム（日光浴場）
16. 寝室

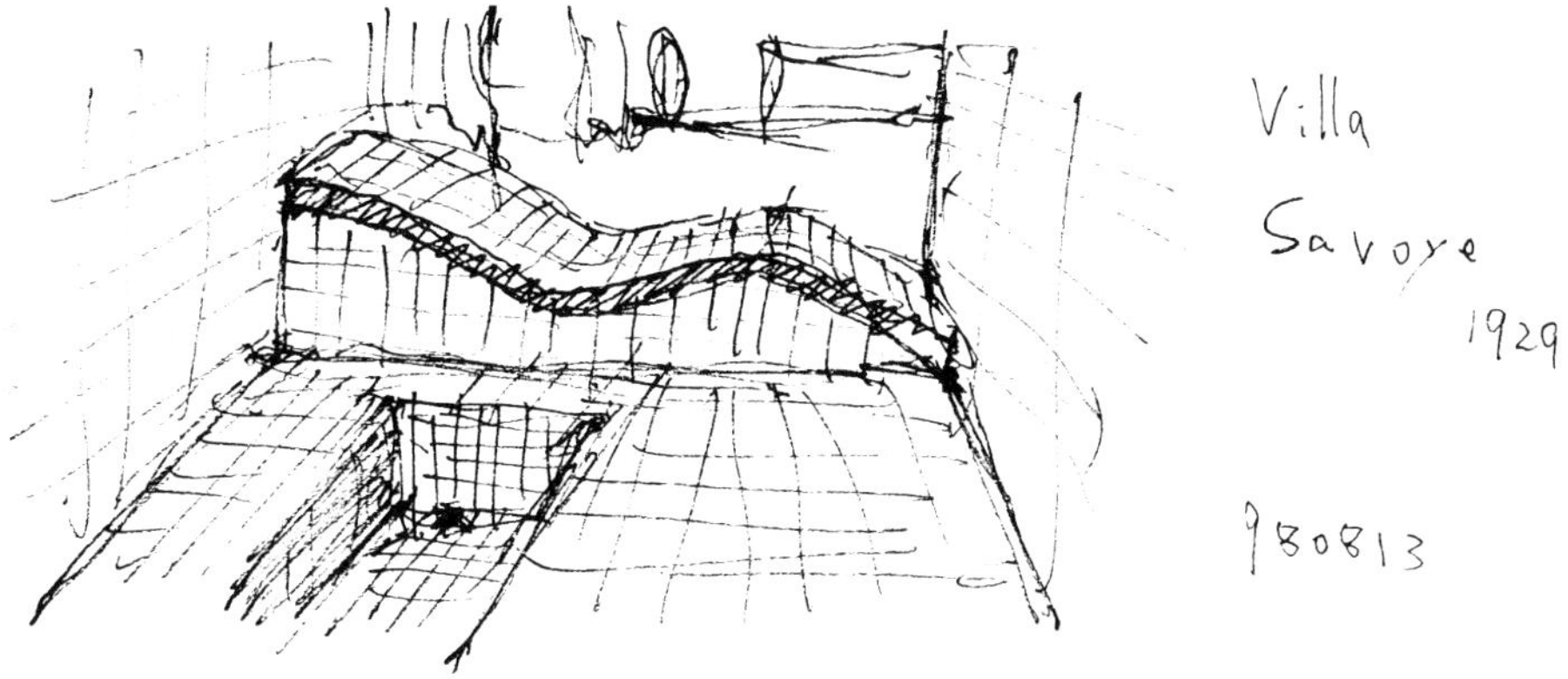

浴室より寝室を見る。浴槽（スケッチ手前）の奥には優雅なフォルムのタイル張りのカウチが設置されている。浴室と寝室はカーテンによって間仕切られている

著者によるコルビュジエ作品のスケッチ

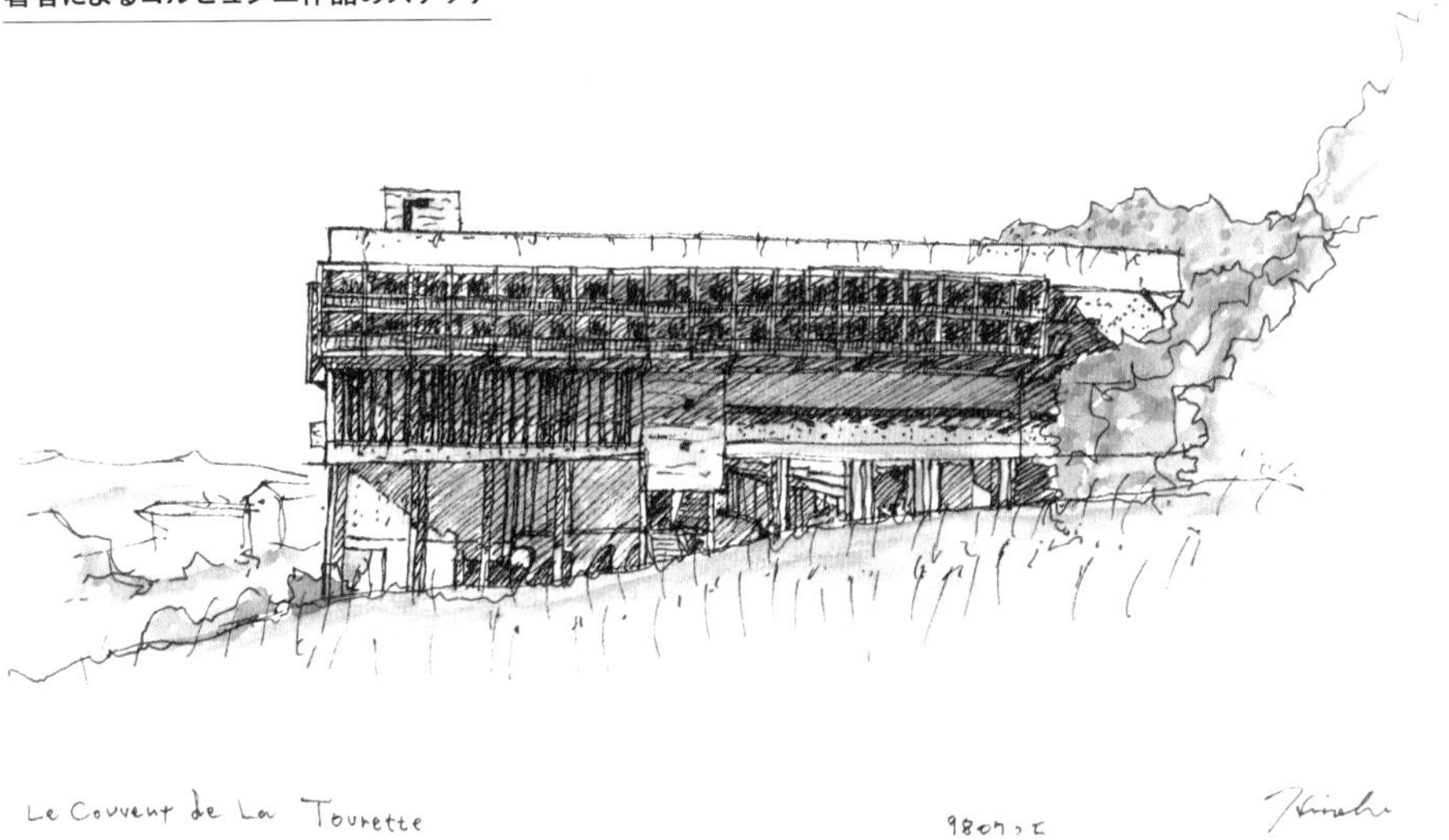

ラ・トゥーレット修道院（1960竣工、フランス）外観スケッチ

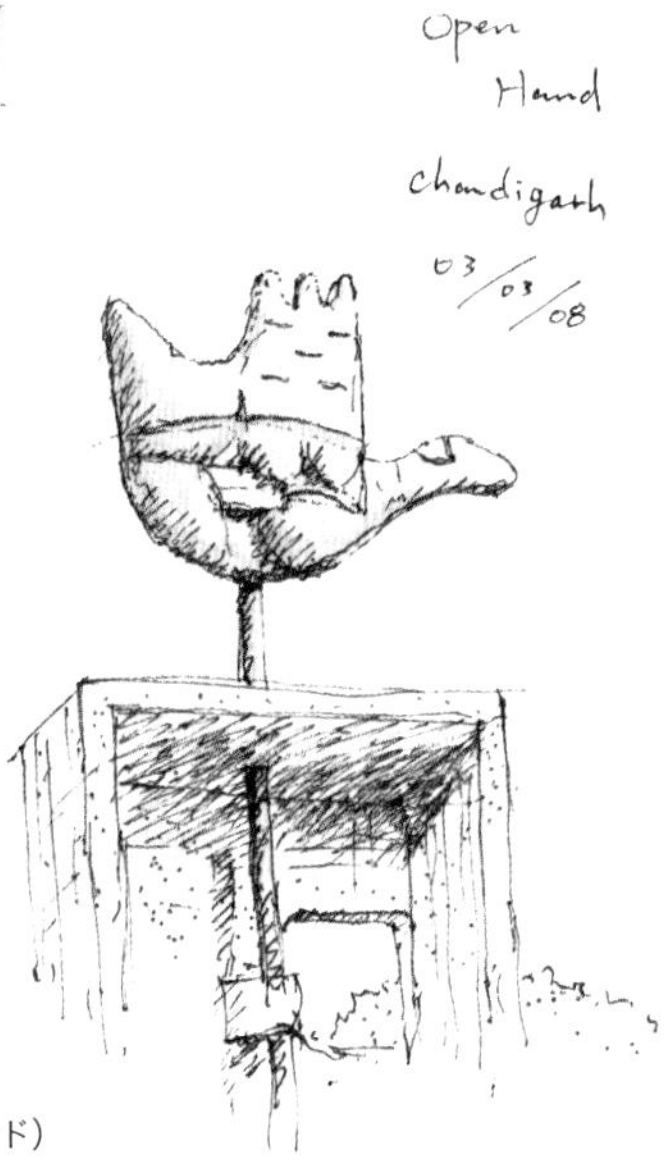

上段：ラ・トゥーレット修道院　内観
下段：開かれた手の碑（1985年竣工、インド）

Le Corbusier

ル・コルビュジエ

1887.10.6–1965.8.27

Works

ラ・ロッシュ＝ジャンヌレ邸
（1925、パリ）

ユニテ・ダビタシオン
（1952、マルセイユ）

ラ・トゥーレットの 修道院
（1960、ラルブレル）

国立西洋美術館
（1959、東京都台東区）

正直、予想外の緻密さに驚かされた。コルビュジエの絵画作品を多く扱う展覧会で、油絵の作品を描く前に描かれた〈習作〉を見たときの感想だ。かたちの探り方、陰翳《いんえい》の丁寧な表現など、建築設計のために彼が描いていたスケッチとは、ずいぶんと印象が違ったのだ。午前中は自宅で絵を描き、午後からセーブル街35番地のアトリエに出てくるのが日常だったというコルビュジエ。彼にとって、絵を描くことと、建築をつくることは人生に不可欠の両輪であった。

初期の絵画作品では、日常生活に登場する卓上の静物《せいぶつ》を、起こし絵のように垂直的に立体化し、構成させた作品を多く描いている。その頃の作風はピュリズム［※1］と呼ばれている。先の習作はその時期に描かれたもので、建築ではラ・ロッシュ＝ジャンヌレ邸などを手がけていた「白の時代」と呼ばれる時期にあたる。

おそらく転機は１９２９年、南米へと向かう船の中で、当時一世を風靡したジョセフィン・ベイカーというダンサーと出会ったこと。以降、彼の絵画作品には女性の裸が登場するようになり、建築にも曲線が増えていく。翌年、彼が43歳の時に結婚した若き妻イヴォンヌも、モンテカルロ（フランス）の踊り子だった。女性以外のモティーフとしては、女性的な曲線を暗示するヴァイオリンや、ゼウスとエウロパの物語を想起させる牡牛［※2］が登場する。絵の変遷をたどって垣間見えてくるのは、〈女性的なるもの〉によって解放された彼の造形であり、それがロンシャンの礼拝堂［※3］にも結実した……とも見えてくるのだ。

特徴的な丸眼鏡の奥で、実は左目が不自由だったコルビュジエ。それゆえ手から感じ取るものに対してより敏感だったのではないだろうか。自然の草木をスケッチし始めた少年時代から、建築家としての生涯を通して、彼は手を動かして計画を練り、絵を描き続けた。妻イヴォンヌに先立たれたときも、彼は今わの際と思われる妻の手を握ったスケッチを描くのだ。それはまるで、手で別れを噛みしめるかのように。

Profile　本名シャルル＝エドゥアール・ジャンヌレ＝グリ。パリを中心に活躍した20世紀を代表する建築家であり、デザイナー。近代建築の巨匠の1人に位置付けられている。建築、家具、芸術、都市計画など、多分野のデザイン理論に大きな影響を与えた

※1　比例と幾何学で明快な構成をつくるという芸術理論｜※2　エウロパを見初めたゼウスが、牡牛に変身して彼女を連れ去ったという神話の一節による｜※3　初期作品とは対照的に曲線を多用した彫刻的な造形となっている

V.D.L.Reserch House

不死鳥のように

V.D.L.リサーチハウス

設計 | リチャード・ノイトラ
竣工 | 1932年

母屋正面ファサード。中央玄関の脇に設けられた垂直ルーバーは、太陽の動きに合わせて羽の向きを電動で調整できる

「ロヴェル邸（健康住宅）」［38頁］を完成させたノイトラは翌年の1930年、世界旅行に出発する。日本ではライトのタリアセンで出会った土浦亀城［※1］とともに桂離宮などを訪問し、ベルリンでは、ミースに招かれてバウハウス［55頁・※1］に。そしてオランダではリートフェルトのシュレーダー邸［22頁］に滞在するなど、人々との活発なつながりを感じさせる旅であったようだ。その旅のなかで、モダニズムの光溢れる工場を所有する実業家、コルネリウス・ファン・デル・レーウと出会う。「ロヴェル邸」などを評価していたレーウは、ノイトラ自身がモダンな建築ではなく、質素なバンガローに住んでいることに失望し、自邸建設のための資金協力を申し出るのだ。そんな経緯から、この住宅の「VDL」という作品名はレーウの名前（Van Der Leew）から取られている。実は援助された資金だけでは建設費が足りずに、さまざまな建材メーカーから建築雑誌で宣伝することを条件に、当時の最新材料を無償提供されている。それは後述するケーススタディハウス［111頁］に共通する手法でもあった。

水を湛《たた》えた貯水池シルバーレイクを道路越しに望む地に、ノイトラの自邸が完成するのは1932年のこと。その7年後には、中庭を挟んで平屋の

※1　土浦亀城（1897〜1996）。昭和初期のモダニズム建築における先駆的建築家

母屋玄関から中庭に向けて見えるのは開放的なデザインの階段。焼失後に再建されたもの

ガーデンハウスが増築された。母屋の1階にはノイトラの事務所があり、上階は家族のプライベートスペースとなっている。ガーデンハウスには中庭と同じレベルにリビングなどの居室があり、応接室やプレイルームとして使用されていた。

しかし1963年、残念なことに母屋は火災で焼失してしまう。事務所にあった数十年分の図面類などはかなり失われてしまったが、地下にあったものは無事だったという。それから3年後、ノイトラはこの住宅を再建させた。建築法規的な制約があったが、ガーデンハウスと中庭部分が焼け残ったために、住宅の50パーセント以上が残り、既存の専有面積と根太が使える、と主張して法規制を何とか回避した。現在、カリフォルニア工科大学の維持管理のもと、見学の機会もある母屋はそのとき再建されたものである。

再建後の母屋には、当初にはなかった修正が加えられている。縮小されてしまった貯水池は遠くに離れ、都市の発達によって、前面道路の交通量は増大していたためだ。当初、シンプルに連続する連窓の開口部であったファサードには、アルミ

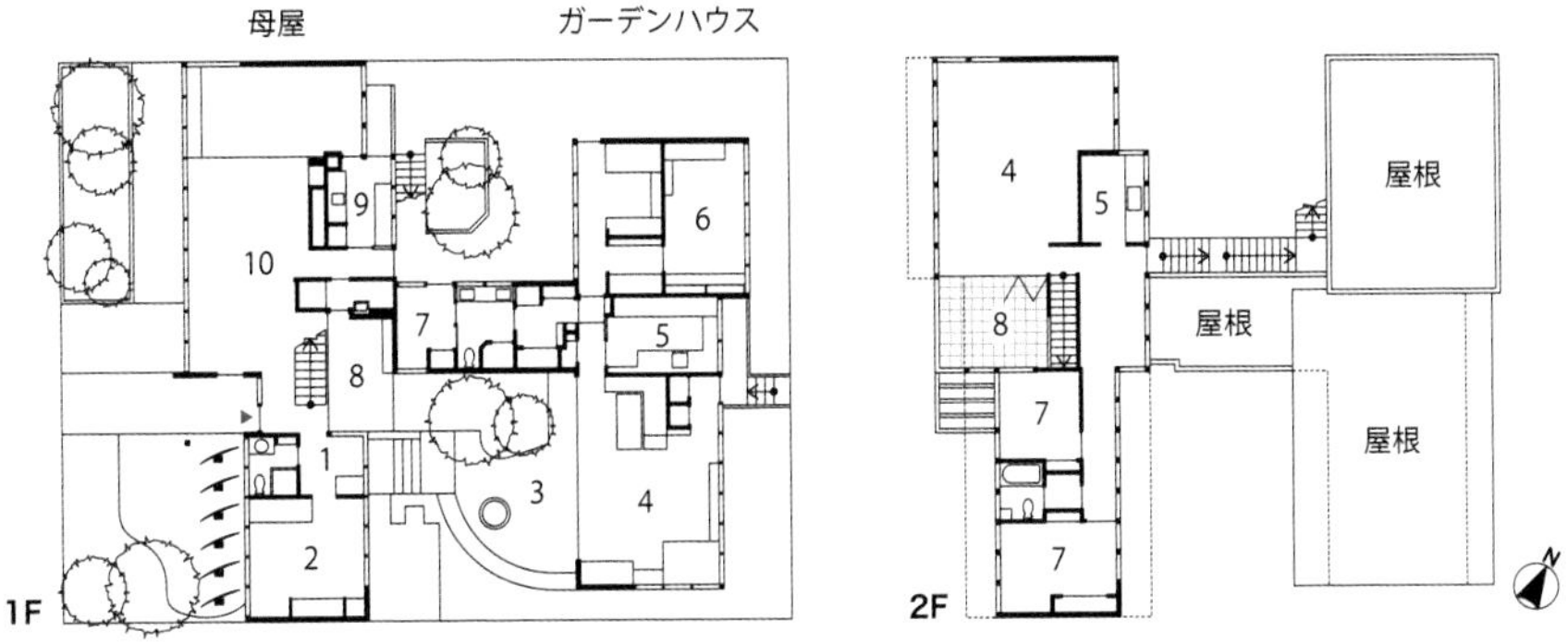

Data

所在地：カリフォルニア（アメリカ）
階　数：地上2階

1. ロビー
2. 書斎
3. 中庭
4. リビング
5. キッチン
6. 寝室（プレイルーム）
7. 寝室
8. テラス
9. ワークルーム
10. オフィス

の日除けのルーバーや庇が追加され、より動きのある外観となっている。最上階のガラス張りのペントハウスは当初よりも拡大され、居室の周囲には深さ5㎝の水盤が設けられた。この水盤が遠のいた貯水池との連続感をもたらすとともに、下階の断熱層としても機能した。ロヴェル邸の項で触れた〈バイオリアリズム〉の観点からも、水は重要な要素であったという。プランは中庭側に開くことを意識しており、大きな掃き出し窓で内部空間を中庭へ連続させることで、敷地に対する親密度がより増しているように感じる。交通量の多い道路に対しては、室内にいて座った目線になると、書棚などが設けられた絶妙な高さ設定の腰壁によって、外部から覗かれることなく、空と樹木に対して開く関係をつくり出している。

内部空間はキッチンからベッド、ソファなどが造作家具としてつくり込まれており、生活に対して細部に寄り添うような丁寧なつくり込みが見て取れる。その「親密さ」は、ノイトラの人生に寄り添い続けていったのだ。

Maison de Verre

ガラスと鉄と

ガラスの家／ダルザス邸

設計｜**ピエール・シャロー**
竣工｜1932年

この住宅を設計したピエール・シャローは当時、富裕層向けの家具やインテリア改修で評判の作家だった。施主であるダルザス夫妻は、そのころからの顧客である。夫妻は中庭と裏庭に挟まれた建築の部分を購入すると、そこを改築して新たな建築をつくろうと計画する。しかし、この建物の3階に住む老齢の借家人が立ち退きを拒否したため、3階［※1］と階段室を残した状態で、間に3層分の鉄骨骨組みを挿入。その間を新たにつくり直した。L型の増築部分はあるものの、実に大胆な構成のリノベーション建築なのである。

この住宅で必要とされたのは、グランドフロアに施主が営む医院を、上部2層にゲストを招くことのできるサロン（リビング）と家族のスペースを設けることであった。医院と住宅のエントランスは共有。スチール製の呼び鈴が複数設けられていて、音の高低で訪問先を聞き分けていた。エントランスから奥に進むと、医院の待合室がある。中庭と反対側のファサードにも板ガラスブロックが使われているが、透明の板ガラスも組み合わされていて、驚くことに木々の緑が目に飛び込んでくる。実は、ドライな中庭の反対側には緑豊かな裏庭があるのだ。住民やゲストは、途中まで患者と同じルートを辿るが、半円形の金属でつくられた

鉄のフレームとガラスブロックで構成された中庭側のファサード。後ろに見えるのは既存建物の3階部分。既存建物の2階から下を取り壊し、そこに3層分の住宅を新築した

※1　グランドフロアをカウントしないため、実際は4階である

著者による内観スケッチ

扉を開けると、ゆったりとした大きな階段が現れ、光溢れる上階へと導かれるようになっている。

中庭に面したサロンには、大きなガラス壁面から拡散された光が降り注ぐ。照明器具はなく、夜は外に設えられた投光器からガラスブロックに光を当てることで照度を得る。中庭側のファサード手前にあるスチールのフレームは、投光器を取り付けるためのものだ。光を採り入れるという意味で、シャローがいかにこの素材を通過する光を信頼していたのかを感じ取ることができる。

さて、その光によって照らし出されるインテリアに目を向けると、スチールによって高密度につくり込まれたディテールが目に飛び込んでくる。そして、その多くの部位は〈動く〉のだ。シャローが手がけた家具類は高い割合でスチールが使われているが、その大きな特徴は可動部位が多いこと。スチールの可能性を追究していくなかで、導き出されたアイディアが詰め込まれている。この住宅の至るところに、スチール製の引き戸や回転収納、可動間仕切りなどが仕込まれているが、しばらく見ていると、だんだんと主従関係が分から

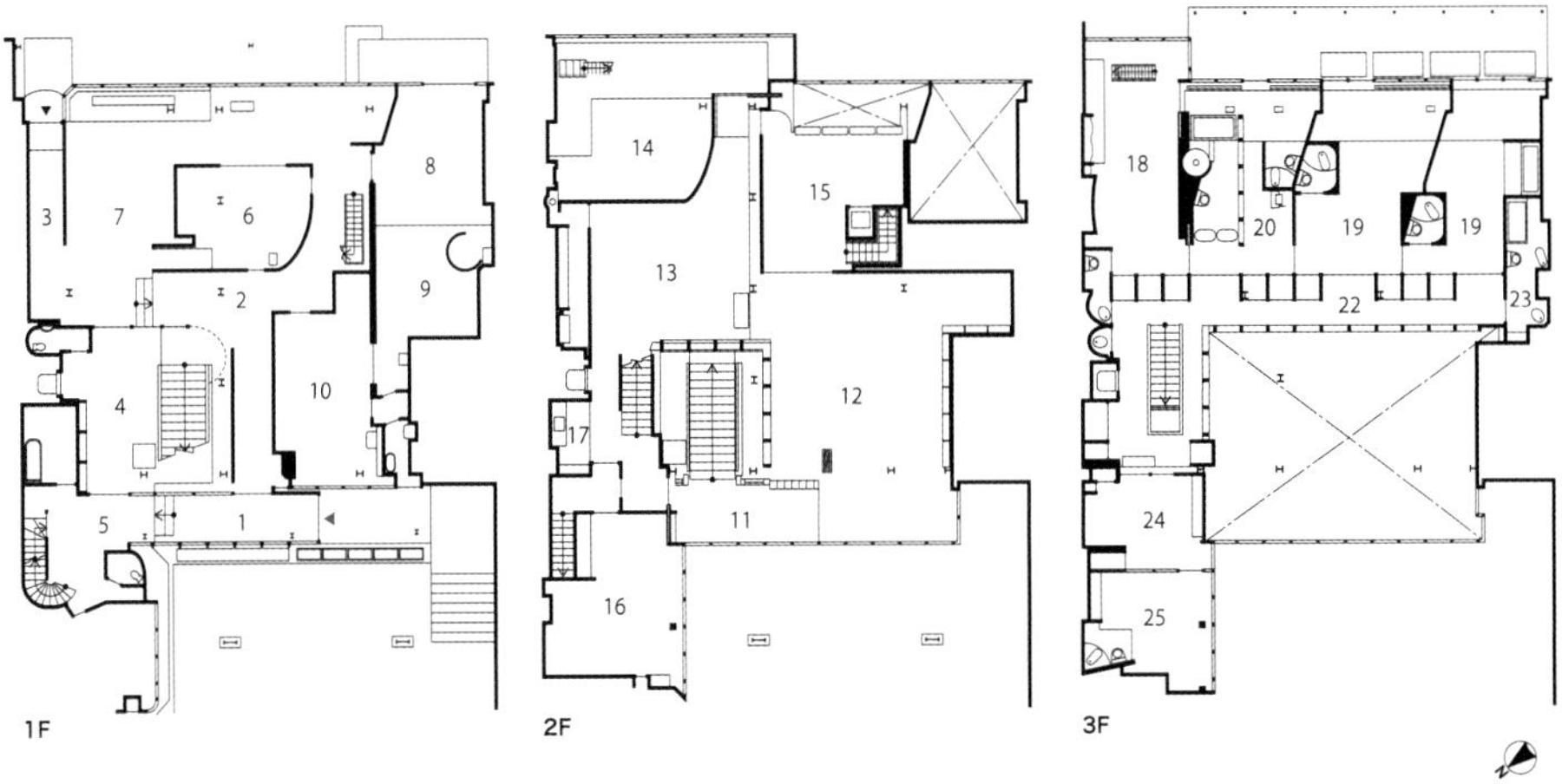

1. エントランス
2. 中央回廊
3. 庭の回廊
4. サービスホワイエ
5. 勝手口
6. 受付
7. 待合室
8. 診察室
9. 検査室
10. アテンダンスルーム
11. 踊り場
12. 大広間
13. ダイニング
14. 談話室
15. 書斎
16. キッチン
17. 洗い場
18. 主寝室
19. 寝室
20. 浴室
21. テラス
22. ギャラリーへの通路
23. 客用浴室
24. 家事室
25. 使用人室

Data
所在地：パリ（フランス）
階　数：地上3階

なくなってくる。普通はこうした要素は建築を「支える」ためにあるが、ここでは主客転倒し、増殖していくうちに、それそのものが「建築」になってしまったような感覚を見る者に与える。

シャローは、この住宅を規格化住宅のプロトタイプとするべく設計に取り組んでいた。ガラスブロックのファサードや間仕切には91cmのモデュールが採用され（日本の尺寸と一致するところは興味深い）全体構成は汎用性を持たせる可能性をはらんでいたものの、金物職人との濃密な協働と、彼の家具デザイナーとして求める精度に対し、実に4年以上の工事期間と膨大な費用を必要とした。この費用は夫妻の寛大さによって賄われた。

晩年渡米するも、思うように活動できなかったシャロー。ついぞつくられることのなかった2つ目の「ガラスの家」。この住宅は、彼自身の環境的なことだけではなく、二度と再現できない密度の職人的な仕事と、それを支えるクライアントあってこその建築であったのだろう。

こうして唯一無二の「プロトタイプ」として、パリにこの建築は残ったのだ。

Falling Water

水音の向こうに見えたものは

落水荘

設計｜**フランク・ロイド・ライト**
竣工｜1937年

北側外観。ペンシルバニア西部にある渓流ベア・ランの滝の上に建つ。滝からせり出すように片持ち梁で支えられた鉄筋コンクリートの構造体は、元来そこにあった岩塊で支えられている

「来たまえE・J、準備万端で待ってるから！」

建築家フランク・ロイド・ライトは、そう電話でクライアントに答えると、驚愕するスタッフたちの前で、後に「落水荘」と呼ばれることになる、この名作住宅のプランを猛然と描き始めたという。数時間後、クライアントのエドガー・J・カウフマンが到着したときにちょうど平面図が完成し、ライトは悠然とプランを説明、ランチタイムを挟み、その間にスタッフが立面図を起こして無事打合せが済んだ。そしてこの第1案が、そのまま最終案となった。初回の打ち合わせまでに配置図以外の図面は描かれることがなかったので、ライトはあの複雑なプランを頭のなかだけで組み上げた、ということになる。

実は、話を誇張したり、面白くなるように〈演出〉する側面のあったライト（自らの生まれ年も2歳さばを読んでいて、実の妹と同じ年に生まれたことにしていた）。そのため、冒頭のエピソードに対して信憑性を疑う歴史学者もいたようで、初回の打ち合わせに至るまでに発見されていないラフスケッチがあったのではないかと探し回ったらしいが、ついぞなにも出てこなかったという。

クライアントであるカウフマン氏は、ピッツバーグ地域では最大の百貨店を経営する富豪だった。

著者による北側外観スケッチ（秋季）

当初、この地は従業員のキャンプ場として使用されていたが、大恐慌後の状況変化によって会社からは必要とされなくなったため、カウフマン家が買い取った。しばらくは簡素な保養所をそのまま別荘として利用していたが、より快適な住環境を求めて、ライトへ設計を依頼したのだ。敷地内には岩盤から落ちる滝があり、家族はそこで遊ぶことを楽しみとしていたが、よもやその岩の上に建物を建てることになるとは、思いもしなかっただろう。

100坪を超える建築規模に対し、驚くほど小さな玄関から内部へと足を踏み入れると、12×15mの大きなリビングの空間が眼前に展開される。天井が低めに抑えられているために、水平に広がる空間はより強調される。その効果もあり、素晴らしい周辺環境と室内はシームレスにつながっていくように感じられるのだ。

床には地元産の天然石が張られ、その一角にむき出しの岩盤が象嵌《ぞうがん》されたように囲い取られている。これは、落水荘がこの岩盤を手がかりに設計されたことの表れでもある。自然石を貼った垂直

内外の壁にはどちらにも現地で切り出した自然石を
用いることで、内外の連続性が図られている

方向の壁が岩盤の上に建てられていて、そこからコンクリートの片持ちスラブ《キャンチレバー》が自由に張り出しているのが基本構造となっている。当時、カウフマンと親交のあった技術者は、「絶対に構造上もつはずがないからやめた方がいい」と、レポートを出して忠告をしていたらしい。このレポートを受け取ったライトは、「こんなでたらめを信用するのならば、あなたは私の住宅にふさわしくない」と返したという。建築家もクライアントも共に〈挑戦者〉であった。

この挑戦は、ライトにとってはちょうど機が熟していたタイミングだったからこそ挑めたものでもあった。そのころのライトは、主に女性関係の度重なるスキャンダルによるブランクで、建築界からは過去の人物として見られていた。実際、4人目のパートナーとなった31歳年下のオルギヴァンナと同居したころは、社会的にも経済的にもかなり追い詰められた状況にあったのだ。

そんなライトを救ったのは建築塾タリアセン・フェローシップ［※1］の設立だった。学ぶ場を提供する、と言う前提のもとに、タリアセンの建設

※1　当時ライトが運営していた建築塾。1932年から弟子たちと2か所（アリゾナ州、ウィスコンシン州）の学舎で自給自足の共同生活を営みながら、建築教育と実践を行なっていた

ガラスの窓枠にもスティールが用いられている

や維持に労働時間を割き、設計活動も行いながらフェローたちから授業料を徴収するシステムだった。そのありかたには賛否両論あるだろうが、ライトの「自伝」や作品集に感化された若者たちが集った(その中にカウフマン氏の子息も居た)。その自伝を書くように熱心に勧めたのも、タリアセンの運営を積極的に仕切ったのもパートナーのオルギヴァンナだった。

とはいえ、実際の仕事がそれほどなかったライトは、東西2つのタリアセンを建設しながら、「ブロードエーカー・シティ」という架空の巨大プロジェクトを夢想していたのだった。

そんな不遇の時期を経て、ライトは「落水荘」で華々しく建築界に返り咲いた。そこには、鉄筋コンクリートの技術をフルに活用し、明らかにかつてのスタイルから手法的に一歩進んだ姿があった。追い詰められ、夢想するなかで、彼岸に辿り着いた建築家は、ここから91歳(自称89歳)で亡くなるその時まで、精力的に走り続けることになるのだ。

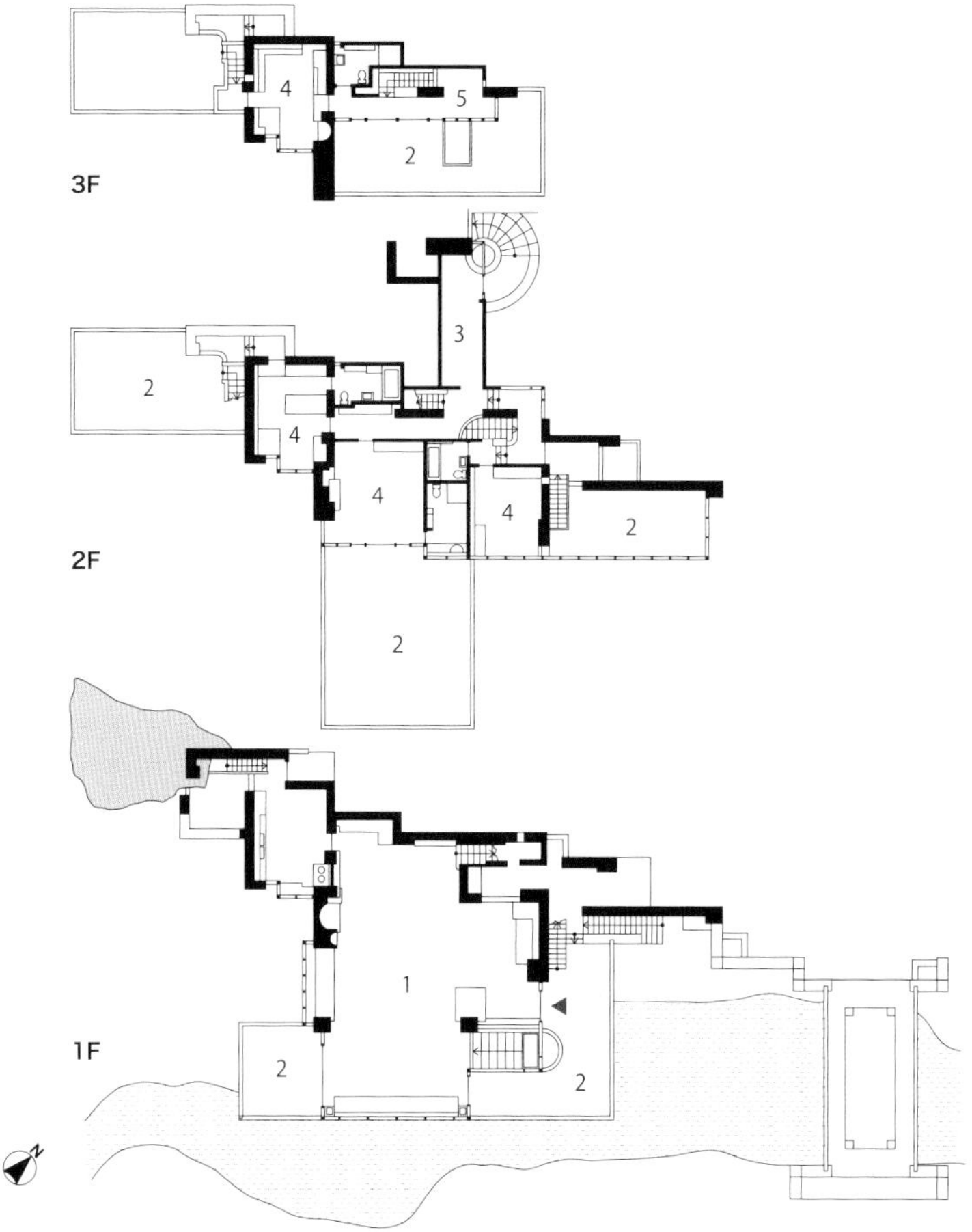

Data
所在地：ペンシルバニア
（アメリカ）
階　数：地上3階地下1階

1. リビング
2. テラス
3. エントランス
4. 寝室
5. 書斎

Villa Mairea

森の居場所

マイレア邸

設計｜**アルヴァ・アアルト**
竣工｜1939年

※1　フィンランド発祥のガラスメーカー。テーブルウェア製品、インテリア製品まで手掛ける。アアルト夫妻はともにイッタラでコレクションを展開している

エントランス・ポーチを見る。アアルトが好んで使ったという自由な曲線が用いられた庇が印象的だ

イッタラ［※1］から発売されている花瓶「アアルト・ベース」。この特徴的な曲線はどこから出てきたものだろう、とふと考えることがある。似たような自由曲線は、アアルトが手がけた建築のなかにも度々登場する。マイレア邸では、プールの曲線にも。実はこのプール、泳ぐためというより、熱いサウナから出て〈飛び込む〉ためにある。

私がフィンランドを初めて訪ねたのは9月のこと。ヨーロッパを北上してたどり着いた首都ヘルシンキは肌寒く、長旅の疲れも重なって風邪をひきかけていたが、公衆サウナで身体を温めたおかげで、乗り切ることができた。熱いサウナから特徴的な曲線を描くフィヨルドの湖［※2］に飛び込む、というのがサウナの原風景であり、このプールの曲線はおそらくその隠喩なのだ。森と湖の国で育ったモダニズム建築。その根底には、厳しい寒さと豊かな自然に呼応する人の営みがある。

1933年、ヴィープリ（現ロシア）の図書館を設計していたアアルト夫妻は、現地へのアクセスと将来を見据えた仕事の発展性を考え、拠点をトゥルク［※3］から首都ヘルシンキに移した。ヘルシンキ近郊のムンキニエミに土地を取得して建てた自邸（アアルト邸）は、キャリア初期の白い抽象的なスタイルから、木材やレンガなど温かみのある

※2　氷河による侵食作用でつくられた複雑な地形の湾・入り江｜※3　フィンランド南西スオミ県に所在する都市。ヘルシンキより鉄道で約2時間

リビング（写真右）を見る。コンクリートで充填されたスチール製の円柱が立つ。単独ではなく、2本が束ねられている。多様な意匠の柱が、室内に自然の木々が生えているかのように混在する

素材を使うようになった最初の作品であるといわれている。

マイレア邸のクライアントであるグリクセン夫妻とアアルト夫妻の間には、設計する何年も前から交流があった。この出会いは、フィンランドの「森」がもたらしたともいえる。当時のフィンランドでは、輸出産業のほとんどを木材産業（林業）が占めており、関連産業である製紙業も栄えていた。アアルトは拡大する産業のために必要となった施設の設計を依頼されていたのだが、そのころ製紙会社の経営を引き継いでいたグリクセン夫妻を紹介される。若き建築家夫妻（当時、アアルト39歳、妻アイノ43歳）と、さらに若いクライアント（グリクセン35歳、妻マイレ30歳）は意気投合し、グリクセン夫妻はヘルシンキのアパート改修をアアルトに依頼。ここから彼らの親交がはじまった。マイレは、フェルナン・レジェ［※4］のもとで絵を学びながら、当時の前衛芸術を世に広めようとマティス、ピカソ、カルダーなどの展覧会を企画・運営していた。また、アアルトをグリクセン夫妻に紹介した美術史家のニルス・グスタフ・ハールは、'33年のCI

※4　（1881〜1955）。20世紀後半に活躍したフランスの画家。ピカソなどとともに、当時の前衛美術運動であったキュビズム（立体派）に参加した

「アアルト邸＋スタジオ」外観スケッチ

AM［※5］にアアルトとともに出席している。そしてその会議にはレジェも出席し、彼もまたアアルトと意気投合している。新進気鋭の芸術家たちとのこうしたつながりは、この住宅の性格付けにも影響を及ぼすことになる。

当初は、別の敷地で、山小屋的な建築を構想していたようだが、最終的には一族が所有する広大な敷地の一部に邸宅を建てる計画となった。当初案を引きずったのか、最初の提案はクライアントを満足させるものではなく、夫妻は「君ならもっといいものができる」と激励したという。予算に上限を設けない、という条件も添えて。

出来上がった住宅はというと、確かに豪邸である。しかし不思議なことに、その空間には親しみやすさと柔らかさがある。別棟にすることも検討されたというギャラリーは、リビングと一体化して生活空間の一部となっており、そこにさりげなくアートコレクションが並ぶ。玄関ホールから木製の階段を4段ほど上るとリビングにつながり、そこから書斎空間やウインターガーデン［※6］へと誘われる。諸室を取り巻く素材や床のレベルは

※5　建築家たちが集まり、都市・建築の未来について討論した国際会議。モダニズム建築の発展に大きく寄与した｜※6　植物などを育てるための温室。ここにも竹や籐などの自然素材でつくられた家具が置かれている

著者による「アアルト邸＋スタジオ」外観スケッチ。外壁にも木材やレンガなどの自然素材がふんだんに用いられている

それぞれ異なり、床仕上げだけを見てもタイル、フローリング、カーペット……と変化していく。また、構造部材である柱もあまり規則性を感じないように配置され、さらに2本を組み合わせて籐《とう》で巻かれている。そこには、全体を幾何学な手法で統合しようという強い意志は感じられない。むしろそれから逃れるために「部分」が優先されているように思えるのだ。玄関廻りから階段に向けて並べられた細い柱は、まるで森が内部に入り込んだかのようだ。夕方になると、窓から西日が入り込んでくる。日本で居室を設計するときは強い西日への配慮が必要だが、夏でも太陽高度が低い北欧においては、「太陽の恩恵をいかに受け取るか」という設計がなされる。そのため、主要室に西日を迎える窓があるのは必然であり、それが毎夕、空間を劇的に彩るのだ。

　マイレア邸では、曲線を触媒として、そこに暮らす人々にとって心地よいスケール感の空間が連続していく。それは、厳しい自然の中に、柔らかく包まれた〈人の居場所〉をつくるための必然だったのかもしれない。

Data
所在地：ノールマルク
（フィンランド）
階　数：地上2階

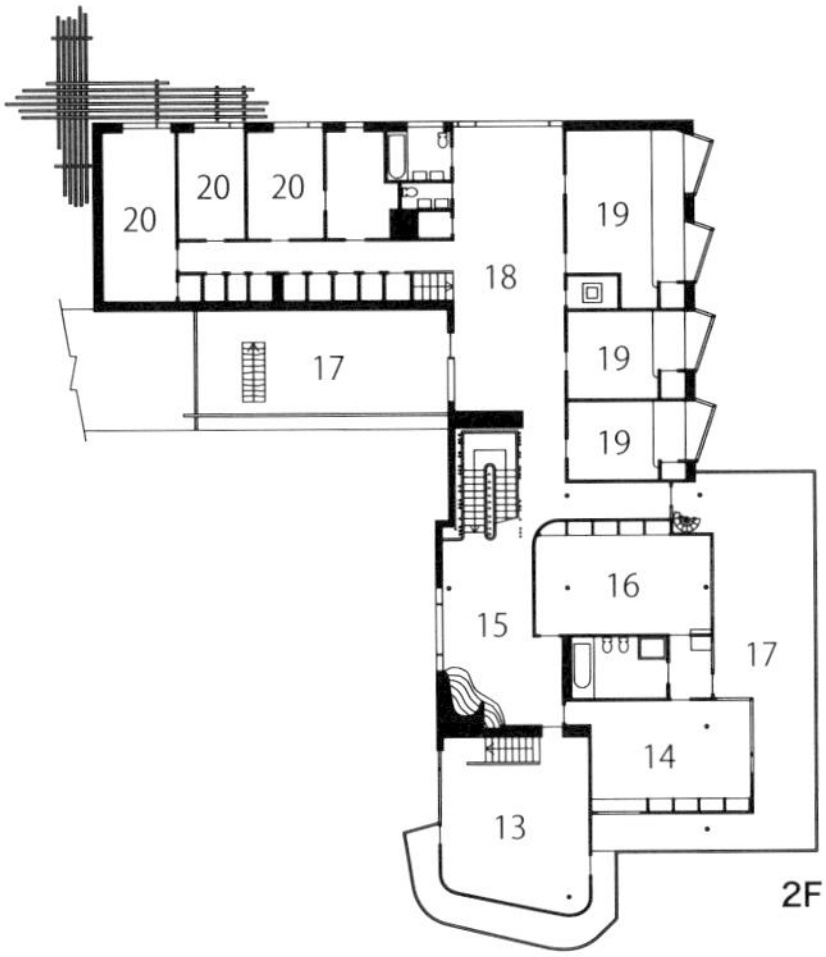

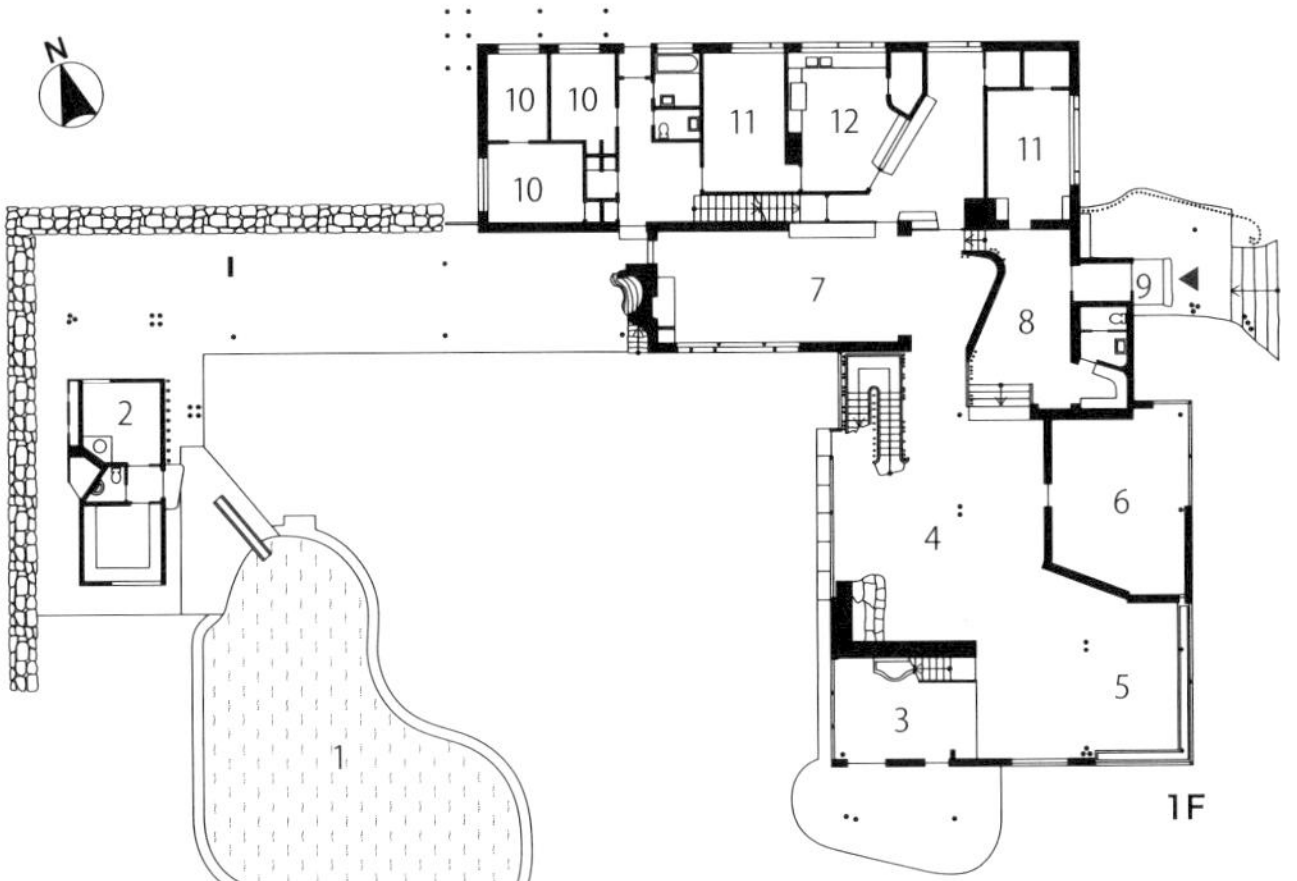

1. プール
2. サウナ
3. ウィンターガーデン
4. リビング
5. ピアノ室
6. 書斎
7. 食堂
8. 玄関ホール
9. メイン・エントランス
10. 使用人部屋
11. 事務室
12. 台所
13. 妻マイレのアトリエ
14. 妻マイレの寝室
15. ファミリー・ホール
16. 夫ハリーの寝室
17. テラス
18. 子どものためのホール
19. 子ども部屋
20. ゲストルーム

Alvar Aalto

アルヴァ・アアルト

1898.2.3–1976.5.11

Works

ヴィープリの 図書館
（1935、ヴィープリ）

フィンランディア・ホール
（1971、ヘルシンキ）

ヴォクセンニスカの教会
（1958、イマトラ）

ヘルシンキ工科大学
（現アアルト大学）（1966、エスポー）

陽気で社交的、いつも人の輪の中心にいるようなアアルト。それを支えていたのが妻アイノだった。ヘルシンキ工科大学で4学年上だったアイノは、アアルトとは対照的に静かで堅実な女性だったという。家具や食器などのデザインも手がけていた夫妻は、マイレア邸の施主であるマイレ、その紹介者であったハールと4人で、プロダクトを製作・販売する会社、「アルテック」を設立。ハールが亡くなった後はアイノがそのマネージメントを一手に引き受けた。

アイノは、アアルトの女癖にもある程度目をつむっていたというが、一方のアアルトは長期滞在していたアメリカで、アイノの手紙だけを楽しみにし、返事を書き送っていたという。基本的に筆まめではなく、アイノの手紙以外は開封もせずに積み上げていたという。アアルトが「いつか余裕があったら欲しい」とアイノに言われていたミンクのコート（当時、教授職1年分の値段だった）を入手して教鞭を執っていたMIT［※1］から急遽フィンランドに戻ったとき、すでにアイノの癌はかなり進行した状態だった。1949年、アイノが亡くなると、アアルトは亡骸にそのコートをかけたという。アアルトはひどく意気消沈したが、セイナッツァロの村役場の設計担当だった23歳年下の所員エリッサと2年後に再婚。彼女の明るさに支えられながら、晩年を過ごすことになる。

アアルトはセイナッツァロに近い、湖のほとりにエリッサと過ごすための「夏の家（コエタロ）」をつくる。そこでは様々なレンガのパターンが試されており、「実験住宅」とも呼ばれている。一方、ムンキニエミのアアルト邸は、アイノのグランドピアノをそのまま残すなど、アイノが暮らしたままに保たれ、アイノを尊敬していたエリッサも、その思い出と共に過ごしていたことが分かる。

'76年にアアルトが亡くなると、アイノとの新婚旅行以来、イタリアへの強い想いを抱いていた彼のために、エリッサは古代の柱頭をなんとか探し出し、アアルトの墓石に並べた。エリッサは'94年に亡くなり、その墓に一緒に眠っている。

Profile　フィンランド出身の建築家。妻アイノとともに、建築から家具、ガラス食器などの日用品のデザイン、絵画まで、多岐にわたるデザインを残す。CIAMの終身会員に選ばれ、人間的な近代建築を生み出すことに生涯を捧げた

※1　マサチューセッツ工科大学（アメリカ）の略称

著者によるアアルト作品のスケッチ

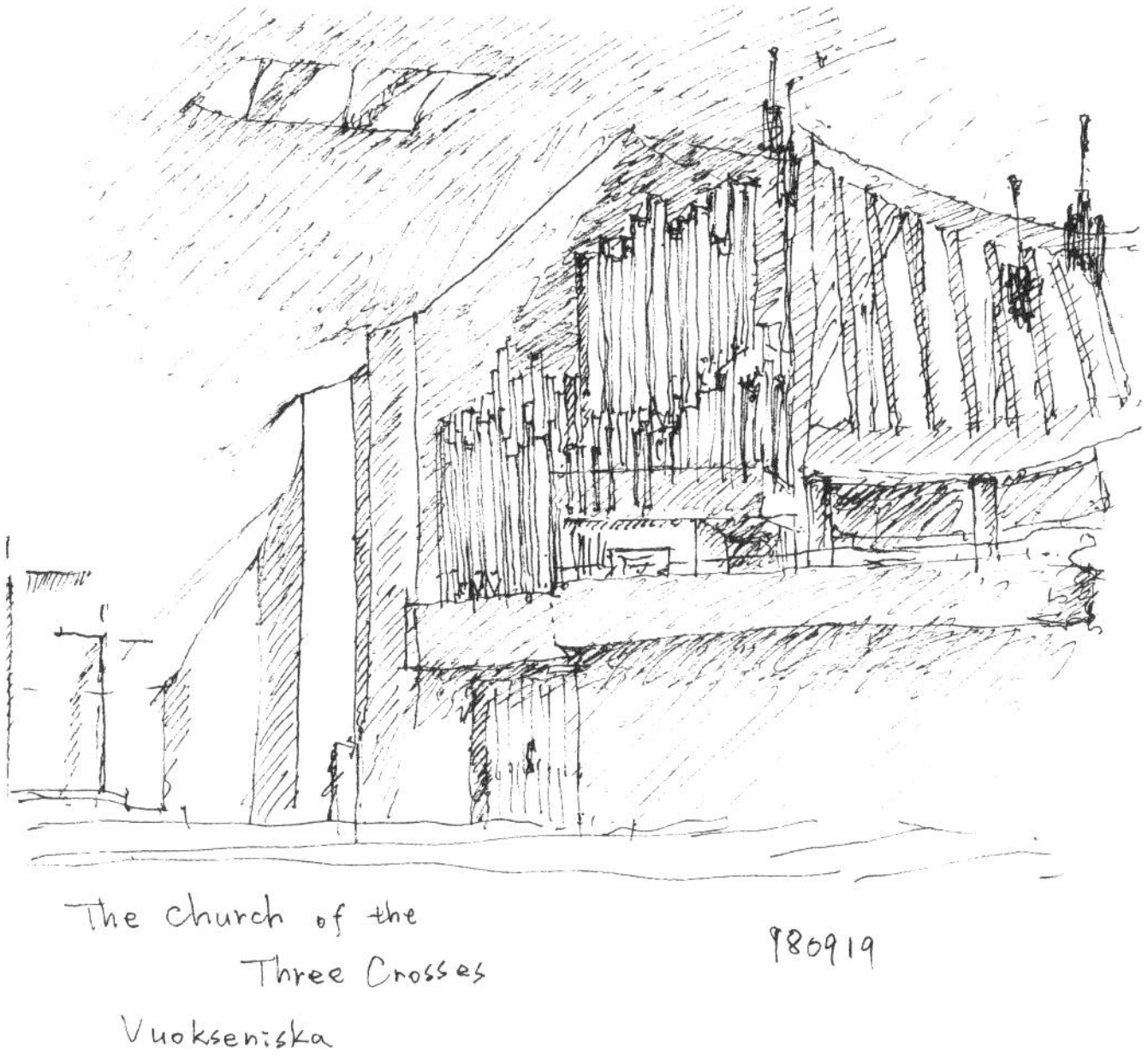

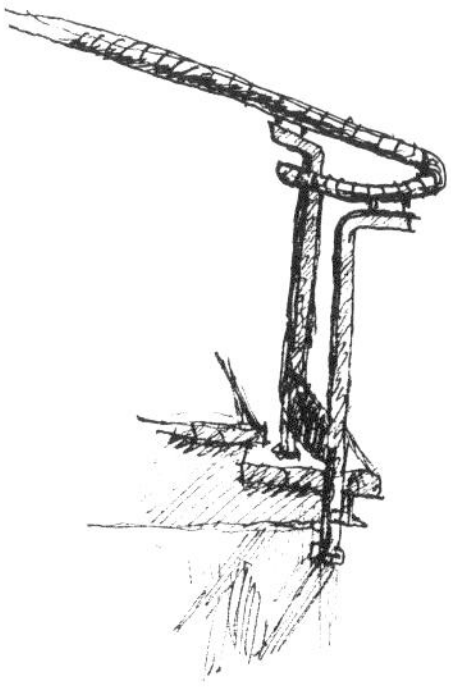

左：ヴォクセンニスカの教会（1958竣工、フィンランド）内観

右：文化の家（1958年竣工、フィンランド）階段手摺のディテール

フィンランディアホール（1971竣工、フィンランド）内観

著者によるライト作品のスケッチ

タリアセン・ウェスト（1937年竣工、アメリカ）外観

マリン群庁舎（1966年竣工、アメリカ）外観

Chapter 3

Casa Barragan ／ Luis Barragan
［バラガン邸／ルイス・バラガン］

Lunuganga ／ Geoffrey Bawa
［ルヌガンガ／ジェフリー・バワ］

Eames House ／ Charles & Ray Eames
［イームズ邸／チャールズ＆レイ・イームズ］

Glass House ／ Philip Johnson
［ガラスの家／フィリップ・ジョンソン］

Casa Barragan

それは編み込まれた庭園のように

バラガン邸

設計｜**ルイス・バラガン**
竣工｜1947年

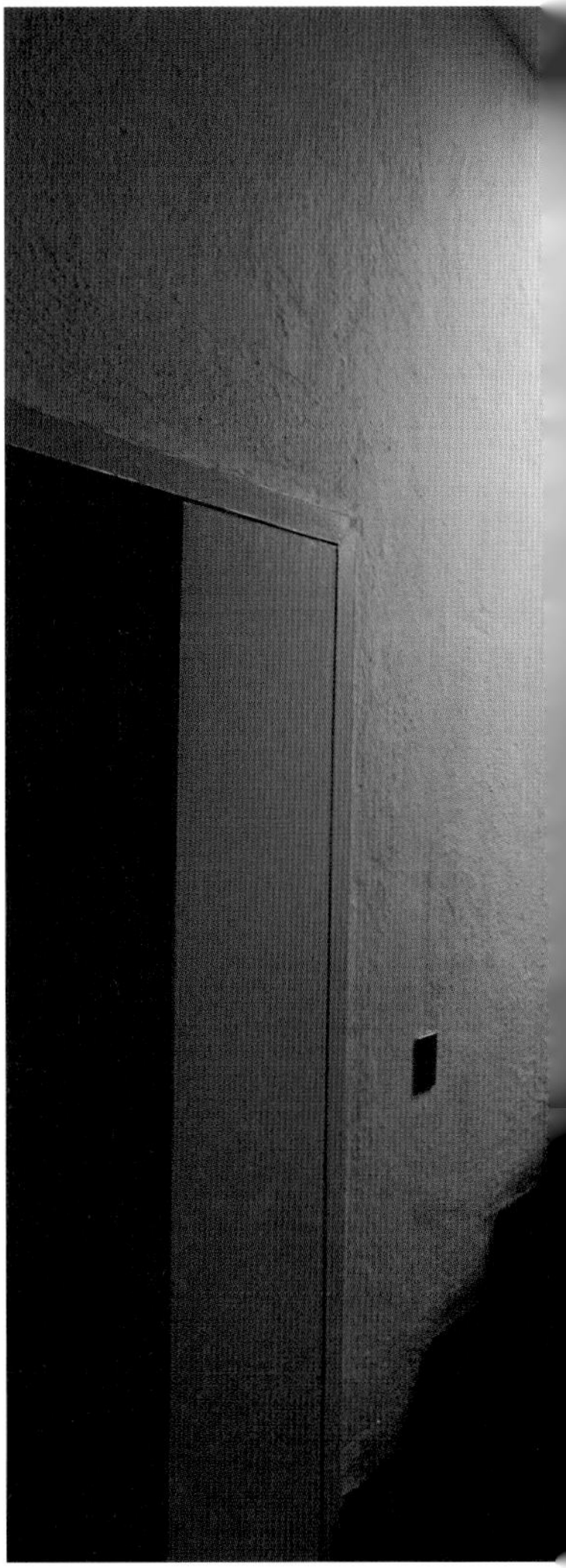

1階の階段室。ビビッドなピンクと白の壁が強いコントラストを生んでいる。階段を登りきった部分にあるゴールドのパネルは、下階へと光を導く役割も果たす

「日々の散歩はしばしば、何かに心を動かされ、うっとりしてしまうような瞬間に満ちている。だが、それを記憶にとどめていられないのは、実にもったいない。だから、心に浮かんでくることを書き留めておこうと思う。」（引用：『孤独な散歩者の夢想』ルソー（著）、今野一雄（訳）、岩波書店、1960）

建築家ルイス・バラガンは、地方都市・グアダラハラの大荘園《アシエンダ》［※1］主の子として生まれ育った。晩年の講演で、自らの建築は、幼少期に過ごした豊かな自然や、馬とともにある生活へのノスタルジーに耳を傾けることで生まれた、と述べている。豊かな自然に包まれて、教会や学校など生活に必要な施設もあって、自給自足が可能な自治的コミュニティであった大荘園を1936年の農地改革で失ったあとも——いや、失ったからこそ、より象徴的な理想郷のイメージとして彼の記憶に刻まれたのだろう。

そんなバラガンの自邸「バラガン邸」は、メキシコシティ郊外のタクバヤ地区にある。彼は、当時放置された石切場であったこの地の将来性を見込み（現在は高級住宅街となっている）、付近一帯の土地を購入。最初の自邸（現・オルテガ邸）を建てた。そこでまず取りかかったのは、地形を利用して庭園をつくることだった。高低差を巧みな階段でつなぎ、

※1　17世紀ごろスペイン領の中南米で見られた農園経営の形態

1階リビングより庭を見る。天井に至る大開口で外部の自然を絵画的に切り取っている。十字架を模したサッシのフレームにより、静謐な空間を演出している。ほかにも十字架のモティーフが壁の装飾や窓の扉など、随処に用いられている

美しい花を咲かせる植栽を施し、彫刻を配置した。この庭園は、配置されたオブジェクトによってイタリア式庭園［※2］のような雰囲気もありながら、自然の生命力を抑えつけない、野性味ある庭園となった。

至るところに溶岩が露出し、使いものにならないと思われていたメキシコシティ郊外の溶岩台地エル・ペドレガル。この不毛で広大な土地にも、バラガンは美しい庭園《ランドスケープ》をつくることを手がかりに、高級住宅地へと変貌させた。この地の開発資金のためにオルテガに自邸を売却したバラガンだったが、その投機に大成功し、オルテガ邸の隣に「バラガン邸」を建設することとなった。オルテガ邸との境界には、バラガンがいつでも庭園を訪れることができるように扉が設けられた。

バラガンは故郷グアラダハラからメキシコシティに移り住むと、施主の意見に縛られずに設計を手がけられるよう、請負仕事をやめた。そして自らがディベロッパーとなり、モダニズムスタイルの集合住宅の企画・設計・販売を手がける。一方で、今日残る自邸や、それと同質の空間を求めた

※2　ルネッサンス期にイタリアで発展した庭園様式。傾斜地を利用した庭園内に階段、噴水や泉、古代ローマ風の彫像が配され、その細部には華美な装飾が施された

1階書斎兼図書室から中2階へと上る階段を見る。階段（写真右）は、シンプルなキャンチレバーのみで壁に固定されている。書斎の窓は通路側にあり、すりガラス越しの光が注いでいる

友人たちのために設計した数少ない住宅の数々は、バラガンの個人的な仕事として手がけられたものだったのだ。

実際に訪ねてみたバラガン邸の外観は、注意していなければ通り過ぎてしまうほど寡黙なものだった。訪問した当時はまだ一般公開前だったこともあり、建物についてはわずかな情報しかなかったし、そこは「ムゼオ（ミュージアム）」だと聞かされていたので、バラガン邸だとは気づかなかった。しかし、一歩内部に足を踏み入れた瞬間、美しい階段室が目に飛び込んできたのだ……。

朝食を摂るための小さなダイニング、朝の時間帯に音楽を聴くための場所、祈りのための空間（バラガンは熱心なクリスチャンだった）、黄色い光のなかで着替えをする個室、抑えられた光で読書を楽しむ書斎、切り取られた庭園を眺めるリビング……。面積だけをみればかなりの豪邸だが、さまざまな行為に合わせた心地よいスケール感で切り分けられた空間が、次々に連続していく。そのスケール感は、部屋の広さ（面積）だけではなく、ボリューム（高さ）の操作によってもつくられていることに気づ

ダイニングルーム内観

かされる。変化する床の高さが大きな要素になっていることを感じながら邸内を巡っていくうちに、この家は立体的に編み込まれた〈庭園〉なのだと思えてくる。季節の変化や陽の光の移ろい、一日の生活の動きに合わせて家のなかを散策し、その時々に居心地のよい場所で休息し、学び、夢想する。バラガン1人と、彼の生活を支えたメイドのためには一見広すぎる家だが、そう感じさせない心地よさに満ちているのは、きっと、それぞれの瞬間を包み込むための居場所がつなぎ合わされた〈庭園〉だからなのだ。散策中に現れるピンク色は咲き誇るブーゲンビリアの花の色。紫はジャガランダの花の色。実際に咲く花の色に合わせられているという壁の色も、ここにつながってくる。

　冒頭のルソーの言葉で、彼が散策中のうっとりする瞬間を「書き留めておこう」と思ったように、バラガンは記憶のなかにある美しき瞬間を、一つひとつ建築に刻み込んでいったのではないだろうか。一見、修道院のような禁欲的空間にみえた住空間には、静かな豊かさを支える細やかな愉び《よろこび》の気配が秘められている。

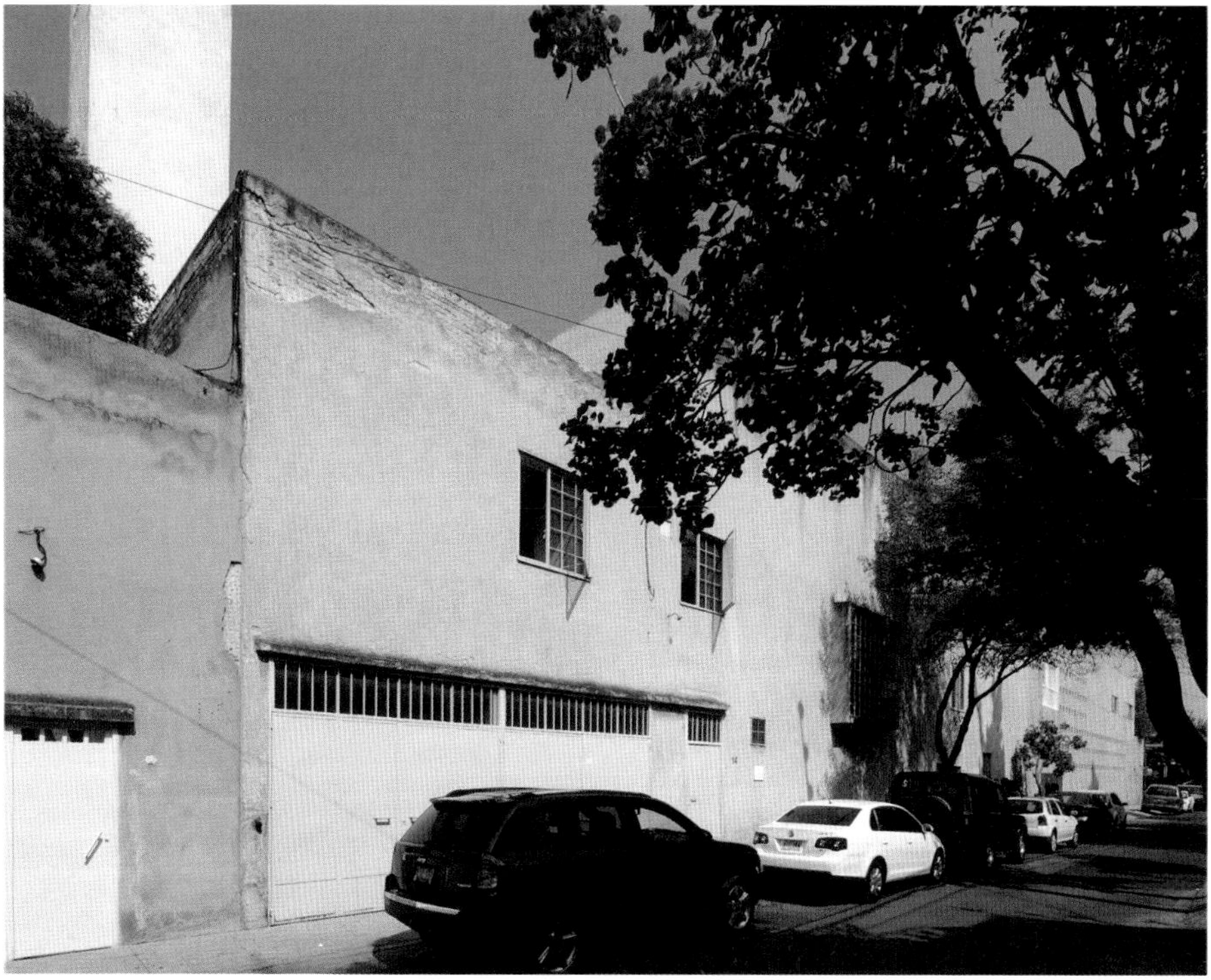

バラガン邸外観。鮮烈な印象の内観とは対照的に、質素な表情で仕上げられている

著者による内観スケッチ。左：1階リビング。右上：ドア枠上部の十字架をモティーフにしたディテール。右下：ベッドルーム脇の小部屋内観

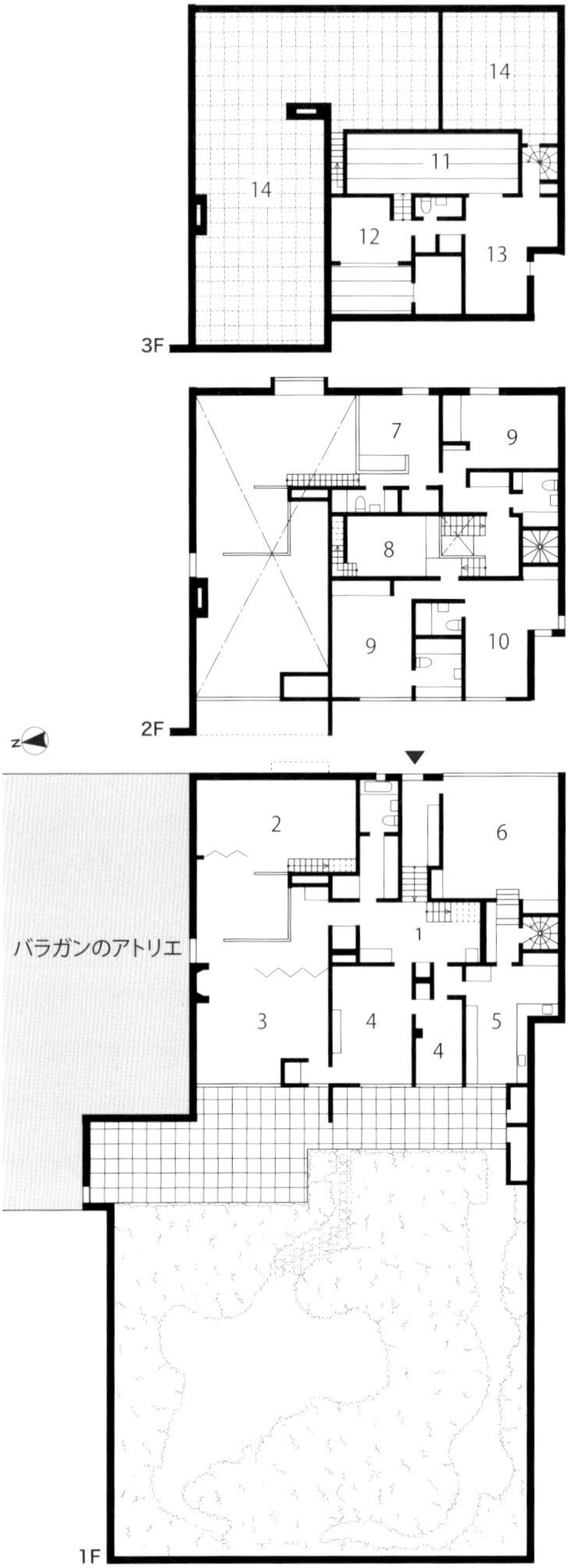

1. ホール
2. 書斎兼図書室
3. リビング
4. ダイニング
5. キッチン
6. 駐車場
7. 書斎
8. ラウンジ
9. 寝室
10. 書庫
11. サービスヤード
12. 洗濯室
13. 女中室
14. テラス

Data

所在地：メキシコシティ
（メキシコ）
階　数：地上3階

Architect Column 05

Luis Barragant
ルイス・バラガン

1902.3.9–1988.11.22

Works

ペドレガル庭園分譲地
（メキシコシティ、1954）

トゥラルパンの礼拝堂
（メキシコシティ、1960）

サン・クリストバルの厩舎
（メキシコシティ、1968）

ヒラルディ邸
［168頁］（メキシコシティ、1968）

バラガン邸のガレージに眠る、シルバーの1958年式キャデラック［※1］。そのボディには白いほこりが堆積していた。その流線型のシルエットは、まるで修道院のような静けさを湛えるバラガン邸の気配とは、対極にあるもののように思えた。

1902年に生まれたルイス・バラガンは、22歳のときヨーロッパで18カ月間に及ぶ長い旅を敢行、その後に建築家として活動を始める。2度目のヨーロッパ旅行では、サヴォア邸を完成させたころのコルビュジエにも出会った。帰国後は、モダンなスタイルの作品を数多く手がけた。

バラガンはクライアントの趣向・要望を聞きながら建築家としての仕事を続けることに嫌気がさし、一種の「引退宣言」をする。そして、土地を購入して開発し、住宅を建てて売るというディベロッパー的な仕事を始めるのだ。エル・ペドレガルでは、溶岩に覆われ誰も見向きもしなかった土地に、電気・水道などインフラを引き、二束三文の土地を高級住宅地に変貌させた。この投機の結果、バラガンは生活のために設計をする必要はないほど資産を築いた。ガレージに眠るキャデラックは、その象徴だったのだ。

有能な実業家である一方、敬虔なクリスチャンだったバラガンの家には、祈りそのもののための空間もあるが、リビングから庭園を眺める十字の窓枠だけではなく、屋上の壁、ドアの枠などにも、十字架のモティーフが添えられた。そんな彼が晩年に手がけた仕事が、カプチン派修道院の改修だ。彼はこの依頼を受けると、建設に必要な費用を全額負担する代わりに好きに設計をさせてほしいと申し出た。そして、実に8年もの歳月をかけて完成させたのだった。

礼拝堂を訪れてみると、空間に手をかざせば、光の粒子を〈触感〉として感じられるのではないか、と錯覚するような美しい空間だった。その光には豊かな色が刷り込まれ、光と色のグラデーションのみによって十字架が浮かび上がっていた。そこにあったのは、追究し続けた建築という道で自らを信仰に捧げた1人の〈探求者〉の痕跡だった。

Profile　20世紀メキシコを代表する建築家。ピンクや黄色などの鮮やかな色彩、光や水を大胆に取り入れた独特な世界観をもつ住宅作品を残す。個人住宅のみならず、住宅地の開発など都市計画も手がけた。

※1　米自動車メーカー、ゼネラルモーターズが展開する高級車ブランド

Lunuganga

楽園が
語りかけてくるもの

ルヌガンガ

設計｜**ジェフリー・バワ**
竣工｜1948-2003

ボードウォークから東側の樹木を見る。等間隔に植えられているが、時を経て自然がやわらかく包んでいく

スリランカは赤道直下に位置し、一年を通して強烈な陽射しに晒《さら》されるが、常に季節風《モンスーン》が抜ける気候であるという。そのため日射を遮蔽する屋根があり、風さえ抜ければ、心地よい場が生まれる。柔らかく抜けつづける風が、旅の記憶に刻まれている。

それはまるで自然の饗宴《きょうえん》、といわんばかりに力強く繁る深い緑のなか、広大な敷地内に鐘の音が響く。すると一人の使用人がその音を聞き分けて、建築家にジントニックを届ける。そこには長い年月を掛けて積み重ねられた居心地の良い空間《スペース》がいくつも点在しており、それぞれの場所には紐を引くと鳴るように細工された「違う音色」の鐘が用意されているのだ。

かつてそこでグラスを傾けていた建築家の名前は、ジェフリー・バワ。彼は建築家としての生涯を通じて、コロンボの街中にある自宅[※1]と、この打ち捨てられたゴム農園であったルヌガンガ(シンハラ語で「塩の川」を意味する)に手を入れ続けた。

幼少期から「召使いに命令をするのが仕事」のような、恵まれた環境で育ったバワは、早くに亡くした父と同様に法律の学位を取得するべく、コロンボの大学に入学した後、イギリスに送り込まれ、卒業すると弁護士として働き始める。その後、20代後半に世界を旅したとき訪れたイタリアのヴィッラ[※2]に感銘を受け、ガルダ湖のほとりにヴィッラを所有しようとするが、実現には至らなかった。失意のうちにスリランカに戻ると、コロンボの南に位置するベントタ郊外に広大な土地を購入する。これがルヌガンガの始まりだ。そこで、彼は建築や庭園の計画に没頭するうち、驚くべきことに建築への転向を決意する。再び渡英すると今度はAAスクール[※3]で建築を学び直すことに。それは言葉(法律)で生きようとしていた人生を捨てることでもあった。彼の地《か》で建築家資格を取得したとき、彼は38歳になっていた。

ここ、ルヌガンガのメインハウスはもともと農園にあった建物をバワが改修したものだ。その後、いくつもの建築が新たにつくられていった。実際に訪れて敷地内をゆっくりと巡っていると、実は建築は「布石」なのではと感じ始める。建築に併走し、からみついていくランドスケープは、どこ

※1　通称ナンバー・イレブン。コロンボの高級住宅街にある。4軒の小さな家が連なる長屋を、バワが約30年かけて改修した｜※2　古代ローマやルネサンス期のイタリアなどで建てられた君侯貴族の別邸｜※3　ロンドンにある私立建築学校。卒業生からはプリツカー賞受賞者が多数輩出されている

メイン・ハウスのリビングルーム。テラスに
面しており、明るくモダンな印象

までも一体の空間体験として記憶に織り込まれていく。そのことに、最初はやや戸惑いを感じながらも、徐々に静かな興奮に包まれていった。

「重要なのは作品だけだ」と言って大量の図面を焼き捨ててしまったというバワ。

「私には〝建築を言葉で語ることは不可能である〟という強い信念がある。建築は完全に説明できるものではなく、経験すべきものだからである」と語った彼の姿に近づくには、残された建築空間を感じること、きっとそれがすべてなのだろう。

同性愛者であったバワは子孫を残さなかったため、彼が半世紀に渡って追求し続けた「楽園」は後継者に譲られることもなく、そのまま凍結保存された。現在は全6室の宿泊施設として、その世界観を追体験することができる。

ここに宿泊した翌朝早く、立ち籠める朝霧《あさもや》をかき分けるようにして歩いた静かな時間が、深く記憶に刻まれている。デダワ湖に面した遊歩道を歩んでいると、大らかなる自然を享受するために、おそろしく慎重に配慮された〈手の痕跡〉を感じ取ることができる。同時に、全体を統べる軸線と

斜面に沿って建てられたギャラリールーム内観。バワのアートコレクションが並ぶ

結節点は実に巧妙な布石をみせる。その根底には、幾何学による統制がとられているのだ。ここでは、建築とランドスケープは分かちがたく一体であり、その間に境界線を引くことは難しい。最近になって手を入れられたであろう部分も、初期から在った場も、すべては、まるで百年単位の時を経たかのようにつくりこまれ、自然の力が遺跡を呑み込んでいったような様相を呈している。建築のつくり方自体にはモダニズムの作法も混在し、素材もコンクリートやスチールなどさまざまである。しかし、そこから感じ取るものは、長い時を経て初めて獲得しうる佇まいなのだ。もちろん、スリランカの気候があって初めて実現しているところもあるだろう。されどこの希有な場は、〈時を越える〉ために、未来への手紙としてつくられた「楽園」だったのではないか。そしてそれを読み解く現代のわれわれが居るところまでを見通した「計画」だったとしたら……と考えると、バワが言葉を超えて残したかったものへの想像は、尽きることなく続いていくのだ。

1. メイン・ハウス
2. ギャラリールーム
3. パヴィリオン
4. グラス・ルーム
5. ゲートハウス・スイート
6. 壷の上の大きな木
7. ゲストハウス

Data
所在地：コロンボ
（スリランカ）

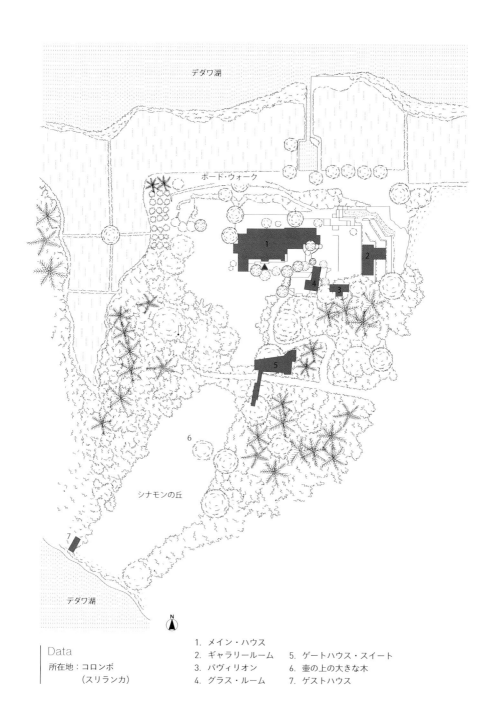

Architect Column 06

Geoffrey Bawa

ジェフリー・バワ

1919.7.23−2003.5.27

Works

ヘリタンス・カラマンダラホテル
（1991、ダンブッラ）

ジェットウィング・ライトハウス
（1997、ゴール）

ザ ブルーウォーター
（1996、ワドゥワ）

ナンバー・イレブン
（改修1958〜1959、コロンボ）

法律家の道を捨てて建築へと転身するべくイギリスに戻ったバワ。ところが卒業設計を友人に有償で制作してもらうなど、設計課程を修めたとは言いがたい側面もあった。では、その間、彼は何をしていたのか？ 実は、愛車のロールスロイスでヨーロッパ中の建築や史跡などを巡っていたのだという。そのため、帰国後も定規の扱いが下手で断面図が描けなかったともいわれている。

バワの建築スタイルが確立していく初期の段階で、それを技術面で支えた人物がいる。10歳年下のウルリック・プレスナーだ。デンマークの名門、コペンハーゲンの王立アカデミーでアアルトやヤコブセンらの教えを受け、建築家として活動していたウルリック。とあるコンペが縁でスリランカにやってきて、バワと運命的に出会うことになる。

幼少期から恵まれた環境で育ち、世界旅行を重ねていたバワは、言ってみれば希代の「目利き」だった。その脳裏に浮かぶイメージを方眼紙にラフスケッチとして描いていたと言うが、それをウルリックが読み取り、技術的な検討を経て設計図にまとめていった。スリランカのローカルな素材や工法は、北欧の洗練されたモダニズムと奇跡的に出会ったことによって、〈バワスタイル〉の建築へと昇華していったのだ。

「彼は私から学び、私は彼から学んだ。私たちは6年間いつも一緒にいた。ずっとだ」。

ウルリックはこうも語っている。

「ジェフリーはとても強い性格の持ち主だ。いつも仲間の中心にいて、皆の笑いが絶えなくて、居合わせた皆がハッピーな気持ちになる。彼は舞台美術家のような存在で全体をまとめあげる」。

人を惹きつける魅力ある人物であったバワ。彼の理想が導き出した空間の心地よさは、彼が晩年まで数多く手がけたリゾート空間にも投影されていった。

そして、その空間の心地よさは、バワの手がけたリゾートホテルに感銘を受けたアマン・グループ［※1］の代表エイドリアン・ゼッカへと引き継がれていったのだ。

Profile スリランカ・コロンボ出身の建築家。スリランカを代表する建築家で、トロピカル・モダニズム［※2］の第一人者として、アジアンリゾートホテルなどを手がけた。

※1 東南アジアを中心に欧米や中国などで、小規模な高級リゾートを展開するホテルチェーン
※2 立地や地形、周辺の自然を生かした熱帯地域特有の伝統的な設計と近代的なデザインを混ぜ合わせた建築様式

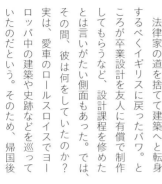

Eames House

大らかなプロトタイプ

イームズ邸

設計｜**チャールズ&レイ・イームズ**

竣工｜1949年

南側外観。家と平行に設けられた開放的なベランダの前には、帳《とばり》のようにユーカリの木が立ち並ぶ

それは2001年のこと。上野公園には一団の人の波があった。よもや、そのほとんどが東京都美術館を目指しているとは思わなかった。人々の様子が、とてもそうは見えなかったからだ。見るからにデザインや建築に携わっていそうな「いかにも」な人の姿もあったものの、言い方は悪いけれどギャルっぽい少女たちも含め、多種多様な老若男女が「イームズ展」に吸い込まれていった。当時は、デザイン関係の雑誌がいくつも創刊され、インテリアや建築の特集を組まれることが増えていた時期でもあった。行列を見ての驚きは、デザインがよい意味で人々に「近づいて」きたのだと思えた瞬間だった。

チャールズ&レイ・イームズ夫妻の活動を一言で説明するのは難しい。合板やアルミを使った数々の家具類は有名だが、それ以外にも医療用器具の製品開発や映像制作に至るまで、彼らの活動は実に多岐にわたった。手がけた映像作品のなかでも特に印象深いのは『パワーズ・オブ・テン』だ。ピクニックをしている人を真上から見たショットから、10の冪乗《べきじょう》倍に画角が拡がっていき、宇宙的スケールに。すると今度は逆に、視点がミクロを目指しながら細胞レベルから原子の世界まで分け入っていく。世界がシームレスにつながり、そ

東側外壁。左：北側外観。直線的な鉄骨の格子のなかに、セメントボートと赤、青、黄色で採色されたカラフルな木板がはめ込まれている

のすべての位相に美しさ（デザイン）があることを詳《つまび》らかにしてくれるショートフィルムだ。イームズ夫妻が残した一連の映像作品のなかに、或る日のイームズ邸を記録したフィルムがある。そこでは彼らと子どもたちの楽しそうな日常が繰り広げられている。

「ケース・スタディ・ハウス」［11頁］シリーズの「＃8」として発表されたイームズ邸は、当初はチャールズとエーロ・サーリネン［※1］による共同設計だった。1945年には設計を終えていたが、戦後の資材不足の影響で進行が止まり、完成したのは4年後のこと。当初の案は、橋のようにキャンチレバー［※2］が張り出すものだったが、現場に資材が運び込まれた後にイームズ夫妻によって大きく設計変更される。床面積は2倍に拡張されたが、その変更のために必要だった追加発注は、わずかに鉄骨の梁1本だけだったという。

敷地はロサンゼルス郊外、サンタモニカを見下ろす丘の上だ。手前の敷地には「ケース・スタディ・ハウス」の仕掛け人であるジョン・エンテンザの住居「＃9」（サーリネンとチャールズの共同設計で建て

※1　20世紀にアメリカで活躍した建築家、プロダクトデザイナー。フィンランド出身。コンクリート・シェル構造を用いた流れるような曲面スタイルのデザインが特徴｜※2　梁の一端のみを固定して空中に突出させた構造。片持ち梁とも呼ぶ

小ぶりなプライベート空間に対し、大きく開放的に吹き抜けたリビング。夫妻が収集した家具や小物が並ぶ

られた）がある。イームズ邸は、その先の緑豊かな高台に、ユーカリの樹木とともに大らかな佇まいで建っている。

住居とアトリエ棟がポーチを挟んで正対し、海側には屋根のかかったポーチが１スパン置かれ、吹抜けのリビングと連続している。大切にメンテナンスされ続けたのだろう。外観からは、今見ても古さを感じない清々しさが伝わってくる。本体の鉄骨、ガラス、セメントボード、木製パネルなど、構成要素はすべてカタログで選んだ材料の組み合わせだというが、モンドリアン［23頁・※2］的な色彩が展開されていることも手伝って、豊かで快活な印象を与える。それらの部材は特殊なジョイントを用いたり、抽象化してみせるために工芸的な職人仕事を要求することもなく、実に素直に組み立てられている。ミース［124頁］の建築にあるような原理主義的――手間をかけて鉄骨を全溶接し、グラインダー（研削機）で磨き上げることで成立する研ぎ澄まされた建築のあり方とは、まるで対極にあるような印象を受ける。ジョイントはジョイントとして扱われ、部材は既製品をそのまま

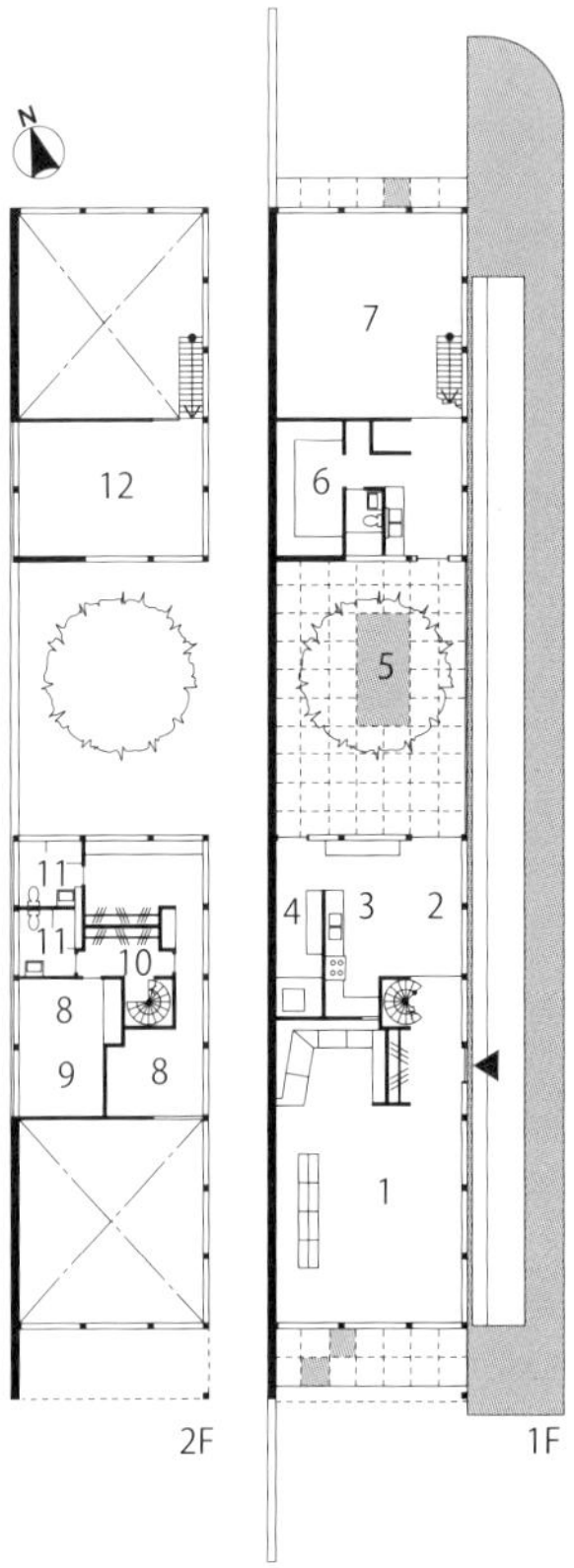

著者による建物南側の外観スケッチ

Data

所在地：ロサンゼルス（アメリカ）

階　数：地上2階

1. リビング
2. ダイニング
3. キッチン
4. ユーティリティルーム
5. 中庭
6. 暗室
7. アトリエ
8. 寝室
9. ドレスルーム
10. ホール
11. 浴室
12. 貯蔵デッキ

利用する……という具合に、よい意味でざっくりとしていて明るい。そこには謎めいた真理など存在しないのだ。ガラス越しに内部をのぞき込むと、まるでつい最近までイームズ夫妻が住んでいたかのように、家具や小物までそのまま保持されていた。そう、〈あの映像〉のまま。異なるのは、そのモノ達の〈彩度〉くらいだ。紫外線の影響で徐々に色褪せてしまったのだろう。それでも夫妻の生活をあたかも「凍結保存」するかのように、邸を受け継いだ家族は10年ごとに塗装をやり直しながら、ここに暮らすことなくこの状態を維持されてきたのだという。

　そんなモノ達の彩度を想像のなかで復元しながら、往時の生活をイメージしてみると、そこにストイックな厳しさはなく、世界中から集めた好きなモノに囲まれ、大らかに日々を楽しむ家族の姿が浮かんできた。それはあの日、サンタモニカに吹いていた爽やかな海風とともに記憶に刻まれている。きっと、「生活を前向きに楽しむ」という夫妻の生き方そのものが、あの日、東京都美術館にさまざまな人々を吸い込んでいったに違いない。

Charles Eames/Ray Eames

チャールズ・イームズ
レイ・イームズ

Charles/
1907.6.17–1978.8.21
Ray/
1912.12.15–1988.8.21

Works

プライウッド・チェア（家具／1945）

エンテンザ邸
（住宅／ロサンゼルス、1949）

ラウンジチェア（家具／1956）

パワーズ・オブ・テン
（映像作品／1977）

『カリフォルニア・アーツ&アーキテクチャー』は、当時主流の住宅スタイルを紹介する雑誌だった。1938年、編集者ジョン・エンテンザが買収すると、「アーツ&アーキテクチャー」と名前を変え、モダン一辺倒の内容に大きく舵を取る。そこで発表されたプログラム「ケース・スタディ・ハウス」の企画は、第二次大戦終結の直前に宣言された。戦争で建設需要が極端に落ち込んだ時期であったがゆえに、新しい住宅とはどんなものなのかを打ち出したかったのだという。設計段階から雑誌に計画として紹介され、竣工後は、家具までセッティングされた状態で、入居前に6週間もの長いオープンハウスが行われた（最初の6戸のお披露目には、37万人もの人が訪れたという）。

「ケース・スタディ・ハウス」のプログラムでは、雑誌に完成作品と広告を掲載することを条件として、建材メーカーが材料を援助していた。それらの住宅は新しい建材のための広告塔でもあったのだ。さらにこのプログラムには、一般大衆が手に入れられる価格で住宅をつくる、という目的もあった。しかし、設計のプレファブ化とそれに伴うコストダウンについては、当時の一般的な住宅のそれと比べると、効果は限定的だった。積極的に鉄骨造が採用されるなど、構法的には低価格化が難しくても、目指すべきデザインスタイルとして採用されるケースもあったのだ。その姿勢は、「#3」の設計者であるワースター［※1］の「合板はそれほど安くないが、安そうに見えるからわれわれは好む」という言葉に象徴されている。その点、「#8」のイームズ邸は、カタログから選んだ部材のみで完成しているという意味で、コストに真摯に向き合った例といえるだろう。なかには計画止まりの住宅もあり、新しいスタンダードとなるにはあまりに特殊解だったことから、一般化したとはいいがたい。しかし、このプログラムが20年にもわたって継続したことによって、上質なモダニズム空間のイメージが、メディアに乗って浸透し続けた。そしてその影響は、現代にも続いているのだ。

Profile　アメリカ出身の建築家、家具デザイナー。グラフィック、テキスタイル、展示、映像など多岐にわたるデザインを行う。積層合板、プラスチック、金属といった工業材を用いて、プロダクトデザインに大きな影響を与える作品を残した。

※1　ウィリアム・ウィルソン・ワースター。カリフォルニアの住宅設計において著名な建築家

Glass house

それは人生の観覧室として

ガラスの家

設計｜フィリップ・ジョンソン
竣工｜1949年

東側外観。建物に対して斜めのアプローチは、アクロポリス神殿（ギリシャ）から着想してつくられた。建物の四方はガラスで囲われ、周囲の自然に対して開かれている

こんなガラス張りの建築に快適に住める訳がない、それが最初にこの住宅の写真を見たときの自分の感想だった。水廻りが納められた煉瓦のシリンダーはあるものの、完全に周囲に対して開放されたガラス張りの空間。それはまるで公園に建つ東屋《あずまや》のようだと思った。

全面ガラス張りの住宅に「住む」ための条件について少し考えてみると、生活が丸見えにならないようカーテンや障子などで遮蔽できること、もしくは、生活が公の視線に晒されることに対して気にならないマインドをもつこと……と普通は想像するが、この「ガラスの家」について考えてみるとき、先の想像はまったく当てはまらない。

それは、この広大な自然を抱く公園のようなロケーションが公《パブリック》では無いからだ。フィリップ・ジョンソンは、学生時代に父親からの遺産として受け継いだ株が高騰したため、若くしてすでに大富豪であった。この19ヘクタールにも及ぶ広大なエリアは彼自身の私有地なのだ。だから、周辺の住宅や道路からガラスの家の中を覗かれることはない。生活のパターンとしては、夜は向かいにつくった「ブリック・ハウス」——この住宅とは正反対にほとんど窓がなく、天窓などで採光されている謎めいた建築——のなかで眠りについていた

浴室を仕切る円筒型の壁以外には、間仕切りは設けられず、家具と敷物を巧みに使い空間を分けている

らしい。そのため、この「ガラスの家」は切実なる生活の場というよりは、まるでパヴィリオンのように鎮座しているのだ。

　設計時、念頭にあったのはミースの名作ファンズワース邸［118頁］だ。実に6年もの歳月を掛けて建設されたファンズワース邸。竣工時期はこのガラスの家の方が早いが、シーグラムビル［※1］の仕事でミースと協働していたジョンソンは、その図面を見ていた。この住宅に置かれている家具がミースのデザインしたものであることも、ファンズワース邸を衒《てら》いなく踏襲しようとしたことを示唆している。しかし、まるで神殿のようにガラスの家をつくったミースの建築に比べて、この住宅には覚悟のようなものが感じられない。どこか「ガラス張りの家もつくってみた」といわんばかりの達観した視点を感じるのだ。

　生涯にわたってのパートナーであったキュレーターのデヴィッド・ホイットニーとともに、自らの広大な敷地内に十数棟もの建築をつくり続けたジョンソン。その作風はポストモダニズム的造形の組み合わせのものや、古代の神殿を半分の大き

※1　ミースとジョンソンの共同設計によってアメリカ・ニューヨーク州に建設された超高層建築。1958年竣工。スチールとガラスのカーテンウォールで覆われた意匠が特徴［125頁］

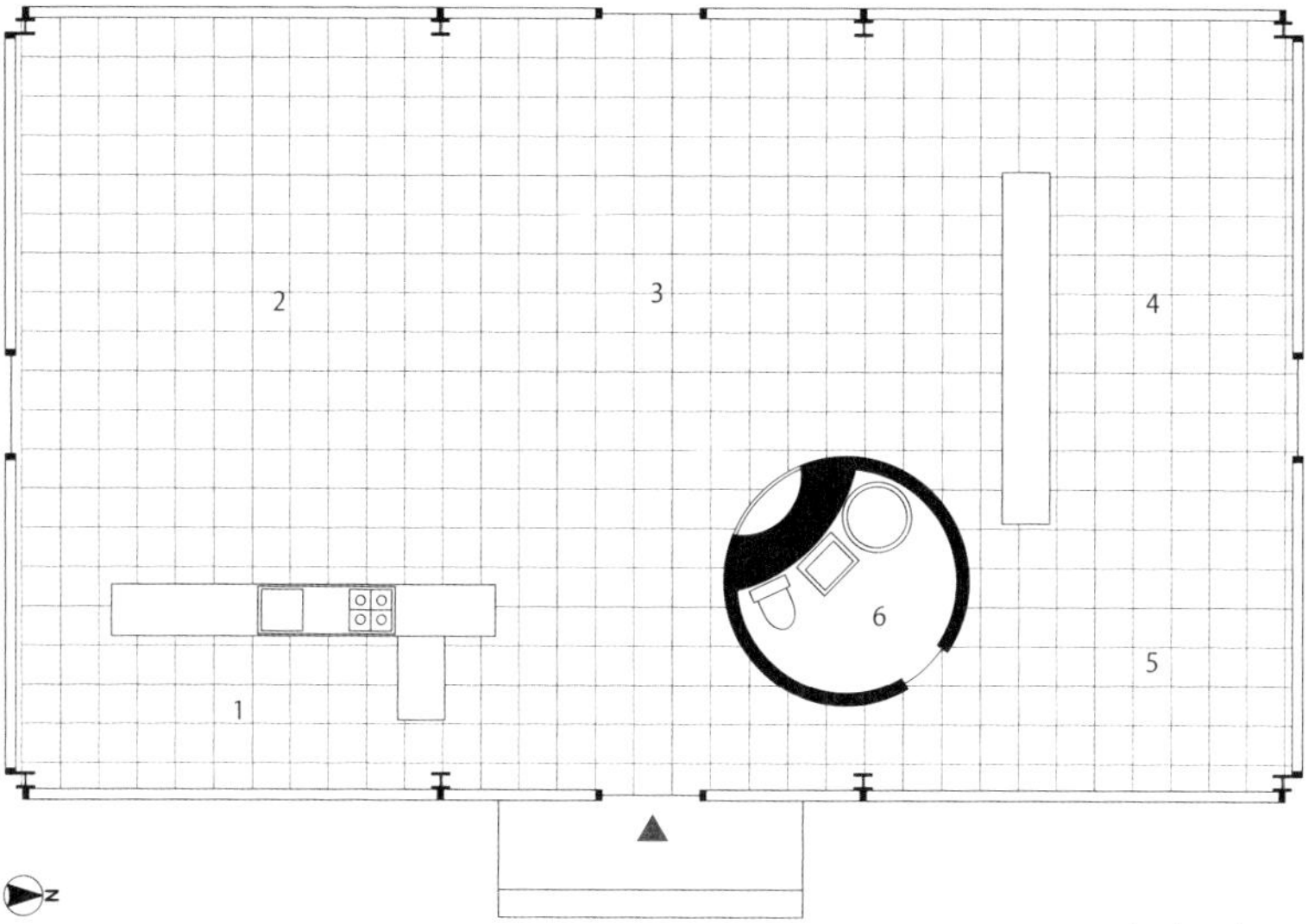

1. キッチン
2. ダイニング
3. リビング
4. 寝室
5. 書斎
6. 浴室

Data
所在地：コネチカット（アメリカ）
階　数：地上1階

さで再現したようなものなど、よりアート作品に接近したものまでさまざまなバリエーションをもっている。

ジョンソンは自宅について「自らの建築への手法が変わりゆくさまを記録した視覚的な日記」であると言っている。

当初は大学で哲学を学んだジョンソンだが、ミースに出会って建築やアートに目覚め、ニューヨーク近代美術館（MOMA）のキュレーターとなり近代建築展を開催する（その後、35歳で大学院に進学して建築を学んだ）。だから、その建築設計のスタンスには常にキュレーター的な「目利き」としての立ち位置があったのではないかと思う。

数々ある自邸建築群の1つとしてつくられたこの家は、ミース風のスタイルを、まるで自らコレクションするかのようにつくられたのだ。

晩年まで存在感を示し、98歳まで建築界に君臨したジョンソン。その最後の日々は「ブリック・ハウス」ではなく、このガラスの家の寝室で過ごしたという。そこはきっと、自らの辿ってきた足跡を眺める観覧室だったのだろう。

ロスコ・チャペル（1971年竣工、アメリカ）内観

同作品外観

Chapter 4

Farnsworth House／Mies van der Rohe
［ファンズワース邸／ミース・ファン・デル・ローエ］

Canoas House／Oscar Niemeyer
［カノアスの家／オスカー・ニーマイヤー］

Sarabhai House／Le Corbusier
［サラバイ邸／ル・コルビュジエ］

Maison Louis Carré／Alvar Aalto
［カレ邸／アルヴァ・アアルト］

Farnsworth House

その美しさは

ファンズワース邸

設計｜ミース・ファン・デル・ローエ
竣工｜1950年

ミシガン湖［※1］から吹きつける風は冷たく、シカゴの秋は駆け足で深まっていく。そこから75kmほどの郊外にあるプラノという街に、ファンズワース邸は建っている。

建築家ミース・ファン・デル・ローエが1951年に完成させたこの建築は、上流階級出身の女性医師エディス・ファンズワースの別荘としてつくられた。ミースは、ドイツで数々のモダンデザインを生み出したバウハウス［55頁・※1］の校長を務めていたが、近代建築を目の敵にしたナチスに追われアメリカに渡る。その後、イリノイ工科大学で教鞭を執りながら、大学の施設設計を手がけていた。この住宅は、そんなミースが大学の外で携わった最初のプロジェクトである。3.9ヘクタールもの広大な敷地を見た後、事務所に戻り、すぐに施主の前で水彩のスケッチを描いた。それは、ほとんど竣工時の状態と同じものだったという。

この建築は、敷地近くを流れる川の氾濫に備え、8本のH形鋼で地面から1.6mほど持ち上げられている。さらに建物の両端が片持ちで柱から張り出しているために、建物全体がまるで宙に浮かんでいるかのような印象を受ける。プランの中央付近には、浴室やトイレ、機械室などを集約したコアスペースがあり、4方がガラスで覆われている。

北側より建物を見る。同じ平面形状の床スラブと屋根スラブが、8本のH型鋼の上に載るのではなく、柱に横付けにされ、挟まれる形で支えられている

※1　世界で5番目の面積をもつ淡水湖。北アメリカ五大湖の1つ

ワンルームを独立したコアスペースがゆるやかに仕切る。このほかに固定された壁はない。限りなく薄い鉄製の方立が、大開口用のガラスを留めている

玄関ポーチの前にあるテラスは、内部空間と同規模の広さがある。高床になっている玄関と地盤面との高低差をつなぐ機能のみならず、単純なボックスである建築と地面との間に、位置をずらしたもう一枚の床を加えることで、〈動き〉と中間的な領域を加える役割をこのテラスは担っている。

玄関ポーチに辿り着くと、玄関扉がこの建築の中央から少しずれていることに気付く。実はこの住宅の内部配置は、グリッドに厳密には従っていない。必要とされるスペースに合わせて配置が決められており、玄関扉も、ダイニングのスペースを有効に使えるようにずらして配置されているのだ。ミースのヨーロッパでの出世作「バルセロナ・パヴィリオン［58頁］」も、実はグリッドには乗っていない。幾何学を土台にしながらも、それだけに頼らない柔軟な設計からは、合理性を求めていた彼の姿勢が読み取れる。

内部に足を踏み入れると、ミースの家具で緻密に構成されたインテリアが目に入る。外には広大な敷地の木々が広がる。美しい光景だ。しかし、しばらく内部にいると、厚さ約6㎜のガラスに隔

建物西側よりテラスを見る。すべての床をトラバーチン［※2］で仕上げることにより、内外の連続性を保持している

てられた豊かな自然が、すぐそこにあるようでありながら、ずいぶん遠くにあるようにも感じられた。このとき私は、ガラスというものの本性を初めて感じていたのかもしれない。無意識に、換気のできる窓を探す。やっとのことで玄関の対角に見つけた小窓は、その存在そのものを否定するかのようにひどく小さかった。開く窓をつくろうとすると、どうしても障子枠が現れ、〈線〉的要素が増えてしまう。ミースは建築の純粋性を担保するために、二次的な〈線〉を排除したかったのだろうと思った。

玄関扉と小窓の両方を開いて換気扇のスイッチを入れれば、新鮮な空気が入る——という想定で設計されているらしいが、むしろ私が感じたのは、ガラスで密閉された空間の息苦しさだった。そして、それと引き換えに存在するかのような、外の自然を取り込んだ光景の美しさだった。

竣工時、この名作住宅は最高の讃辞を受けた一方で、施主との裁判を引き起こすことになる。度重なる工期延伸（竣工までに実に6年もの歳月を費やした）や、予算を大幅に超過した工事費、竣工後の雨漏りな

※2　湧泉や地下水の炭酸カルシウムが沈殿してできる大理石の一種。緻密な縞状構造をもつ

著者による建物南側の外観スケッチ

どがその争点とされたが、一時期親密であったという、ミースとエディスの個人的な関係が決裂したことも、訴訟のきっかけになったらしい。エディスは、ミースの家具を置くことを拒否し、開放的なデザインにそぐわない網戸を取り付け、三度《みたび》に及んだ床上浸水に見舞われながらも、橋の建設の影響で敷地の一部売却を迫られるまで、結局17年間この住宅に住み続けていた。

　究極の純粋さを求めた建築家の意図は、現場での緻密な手仕事を必要とする工芸品のような細部《ディテール》に支えられて実現した。ミースは親密な関係にあったエディスの住宅を、あるいは〈共に過ごすための住処《すみか》として〉構想したのかも知れない。竣工がもっと早く、2人の関係が決裂しなかったら、訴訟にまでなっていただろうか……と考えてみたくもなる。

　ミースはきっと、自らも住まう、更に踏み込めば自らのために「近代を象徴する神殿」として、この住宅をつくったに違いない。その後の作品にはほとんど登場しない「白」でこの住宅の鉄骨を塗ったのも、確信犯のように思えてならないのだ。

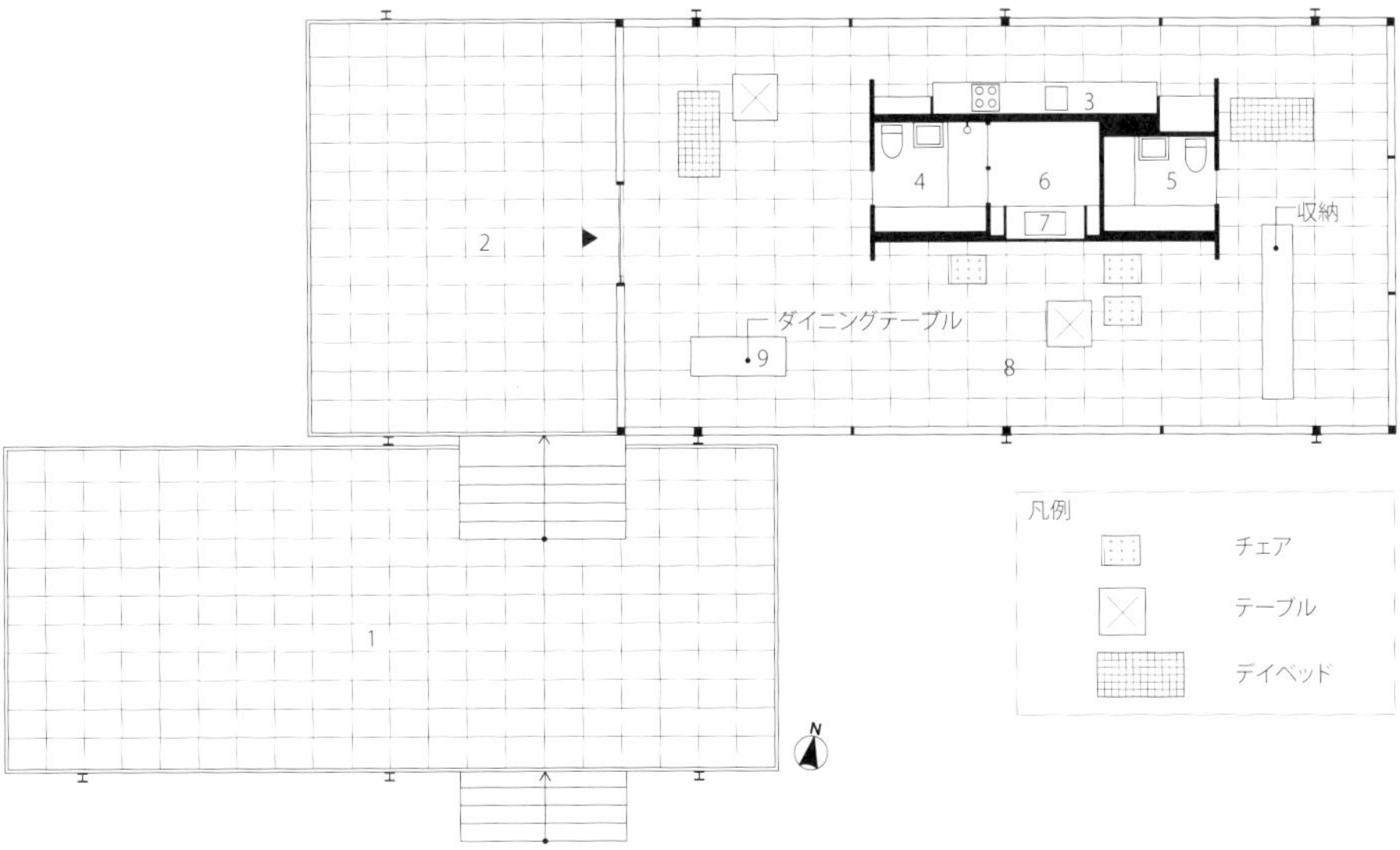

Data
所在地：イリノイ州・プラノ
（アメリカ）
階　数：地上1階

1. テラス
2. 玄関ポーチ
3. キッチン
4. シャワールーム
5. 浴室
6. ボイラー室
7. 暖炉
8. リビング
9. ダイニング

Mies van der Rohe

ミース・ファン・デル・ローエ

1886.3.27-1969.8.17

Works

バルセロナ・パヴィリオン
（バルセロナ、1929）

トゥーゲントハット邸
（ブルノ、1930）

レイクショア・ドライブ・アパートメント（シカゴ、1951）

シーグラムビル
（ニューヨーク、1958）

1929年のバルセロナ万国博覧会でドイツ館として建設されたバルセロナ・パヴィリオン［58頁］（会期後一度は解体されるも、1986年、同じ場所に復元された）。その設計を急遽依頼されたミースは、数多くの石切場を訪ね、やっと1つだけ空間を象徴的に構成するに足る品質のオニキス（縞瑪瑙《しまめのう》）を見つける。

そして、偶然見つけたこの石の寸法の2倍（石をスライスし、線対称に展開して使用する）になるように天井高を決めたという。建築の重要寸法を、この石が決めているというところに、実務者としてのミースのこだわりが表れている。

一方、ファンズワース邸の基準となるグリッドは、床に張られたイタリア産のトラバーチン［121頁・※2］大理石の寸法に合わせて決められた。ミースは、届いた石材を1枚ずつ上・中・下のランクに仕分け、「上」は入口付近の目立つ場所に、「中」は裏側に、「下」はコアの内側に張るよう指示していた。厳密な幾何学に従ってできているようでいて、素材を最大限に生かすために「モノ」と向き合い、設計図に反映させていく。搬入された材料の扱いに対しても、神経を行き渡らせる。設計図を描き終えたら手を離すのではなく、施工のプロセスにも立ち入って建築の質を高めていくというミースの意志が貫かれている。合理性のもとに構成される空間と、それを実現させるために追究されていく細部《ディテール》の洗練。その2つがミースの空間の質を支えていることを再認識すると、あの有名な『神は細部《ディテール》に宿る』という言葉［※1］が更なる深みをもって響いてくるのだ。

最後に、晩年のミースが語ったという、石工であった彼の父と兄の対話を紹介しよう。

兄：「そこの装飾はそんなに丁寧にしなくてもいいじゃないか。どうせ見えないんだから」

父：「そんなことを言うお前はもう石工でも何でもない。知ってるだろう、ケルン・カテドラル［※2］の尖塔の飾りを。あすこまで登って見る人はいないさ。だけどな、あれは神様のためにつくられたのだ」。

Profile ドイツ出身の建築家、家具デザイナー。近代建築の基礎をつくりあげた先駆的建築家。鉄やガラスなどの工業製品を用いてつくられる、一切の装飾を排除した均質的な建築が特徴。内部空間の用途を限定せず、自由に使えるようにすることで経年変化に適応する「ユニバーサル・スペース」という建築理念を提唱した

※1「細部までこだわり抜くことで全体としての完成度が高まる」という意味で使われる標語。ミースが発言者とする説もあるが、明確な起源については分かっていない｜※2 ケルン（ドイツ）にある世界遺産の大聖堂

著者によるミース作品のスケッチ

上段：シーグラムビル外観（1958竣工、アメリカ）。フィリップ・ジョンソンとの共同設計｜右：新ナショナルギャラリー（1968年竣工、ドイツ）鉄骨のディテール｜下段：新ナショナルギャラリー　中庭

Canoas House

自然と対話する曲線

カノアスの家

設計｜**オスカー・ニーマイヤー**
竣工｜1954年

もしも建築が理性のみの産物であるとしたら、建築家オスカー・ニーマイヤーのつくる空間は、建築の領域からはみ出してしまうのかも知れない。されど、その建築は饒舌《じょうぜつ》に建築の楽しさ、大らかさを語りかけてくる。あたかも「そんな小難しいこと言っていないで、建築に身を委ねてごらん」と言っているかのようだ。

若きニーマイヤーは、リオデジャネイロのルシオ・コスタとカルロス・レアンの事務所に勤務し、旧教育保健省庁舎の設計に関わった。この際、設計顧問として招かれたコルビュジエと出会い、第二次世界大戦後にコルビュジエらとともにアメリカ・ニューヨークの国際連合本部ビルをデザインすることになる。その後、コンペを経て選ばれたルシオ・コスタの総合監修の下、ブラジルの新首都・ブラジリアの大統領官邸、国民会議議事堂や外務省、大聖堂などの主要建築物の設計を手がけた。これらの作品では、ニーマイヤーが語るところの「自由な曲線」が多用されており、1987年には近代都市では初の世界遺産に登録される。そんなニーマイヤーがこの自邸を建設したのは1954年のこと。国連の仕事を手がけていた頃のことだ。

一見すると平屋に見えるこの住宅は、プールと

プールより建物全景を見る。建物の高さは低く抑えられ、ゆるやかな曲線状にかたどられた屋根がその上に載っている

ダイニングよりキッチン方向を見る。
円弧上に設けられた木製壁の後ろにキッチンが設置されている

リビングのある上部フロアの下にもう一層、傾斜を利用してつくられた階があり、ここに寝室などの居室が配されている。半分斜面に埋まった下階は、土を掘り込むようにつくられた落ち着きのある空間。上部は、鉄骨の柱とR《アール》壁に支えられた曲線屋根が軽やかに浮遊する。ここに晩年まで展開されたコンクリートの特性を生かした手法の萌芽を読み取ることができる。近代建築の合理的精神だけでは括れない「自由な曲線」は、キャリアの初期から一貫しているのだ。

豊かな緑溢れる場に持ち込まれた自由な曲面、その理由をニーマイヤーは次のように語っている。「人間がつくる直角や直線、硬質で柔軟性のないものには心惹かれません。私は自由に流れる官能的な曲線に惹かれます。祖国の山々、曲がりくねって流れる河川、海の波、愛する女性の身体の曲線です」

家の内外にいくつも配置された女性をモティーフとした彫刻群は、その世界観を補完してるようだ。

１９６４年に起きた軍事クーデターによって、政治的姿勢を理由にブラジルでの活動ができなく

Data
所在地：リオデジャネイロ
（ブラジル）
階　数：地下1階、地上1階

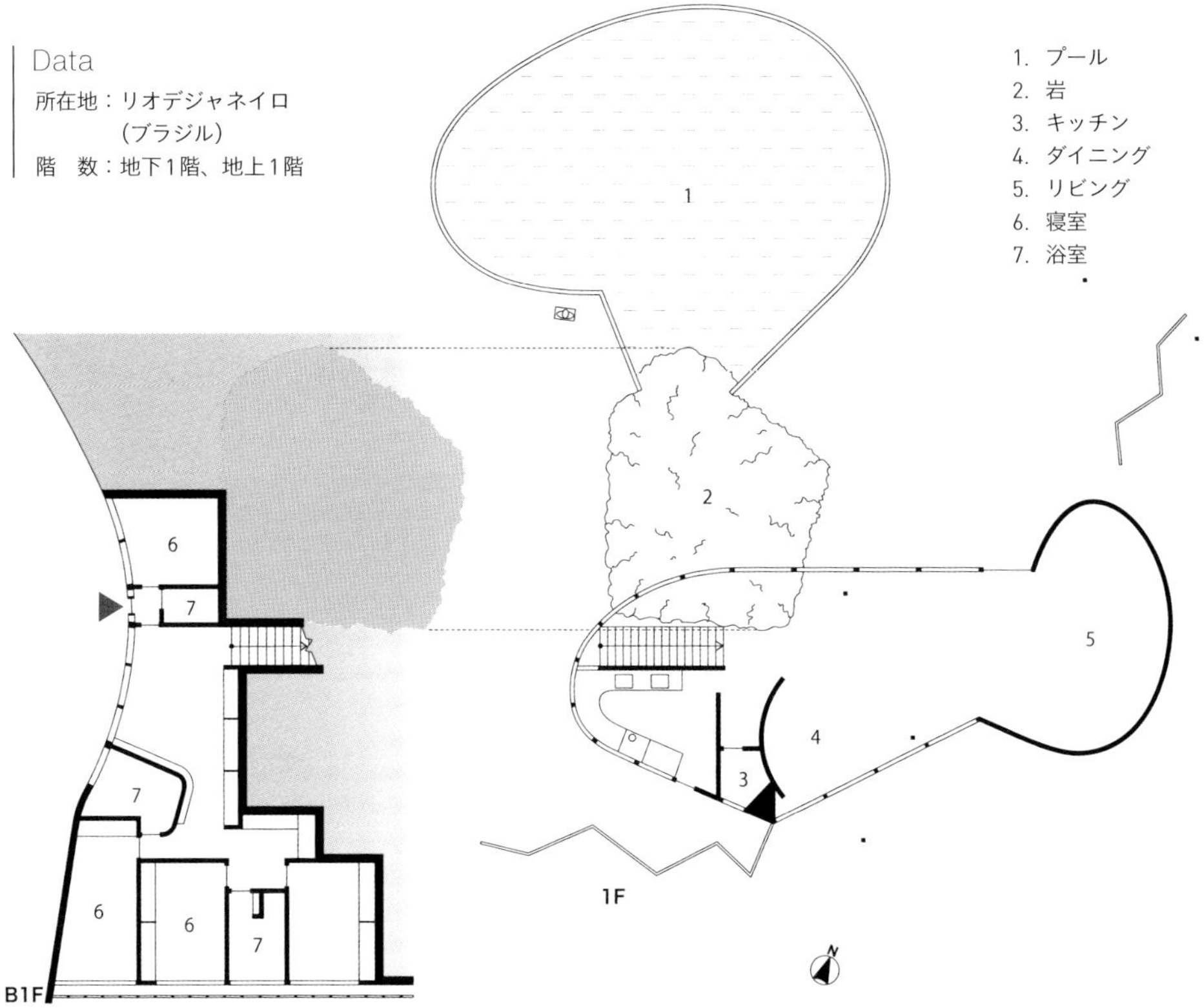

なったニーマイヤーはフランスに移住する。ヨーロッパではフランス共産党本部などの作品をつくり活躍するが、母国の政権が変わり、ようやく帰国することができたのは1985年のことである。それ以降、104歳で亡くなるまでここに暮らし続けた。

ニーマイヤーは晩年、建築家アルヴァロ・シザ［※3］との対談でこんな言葉を残している。そこには、人生を謳歌するために彼が必要だと思ってきたことと、それによって建築が人に問いかけることの意味が込められているように感じるのだ。

「私は、建築はある種の驚きを創造しなければならない、と思っています。芸術作品のようにね。芸術は感情や驚きを創造して初めて、自らの存在を表現することができる、そうでしょう？」

※3　(1933〜)。ポルトガル出身の建築家。直線を基調とした近代的な形態と、トップライトや彫りの深い小さな連続窓など、気候や地域性を反映した形態を融合させた建築が特徴

Sarabhai House

〈削ぎ落としたもの〉があるとすれば

サラバイ邸

設計｜ル・コルビュジエ
竣工｜1955年

南側外観。建物前面に大きなプールを配置することで、温度の低い風を室内に運び、室内環境をコントロールしている

建築には、その場に身を置いてみないと分からないところがある。このサラバイ邸はなかでもその差が大きな住宅だった。この住宅を訪ねたときの印象が時を経ても色褪せずに、ずっと脳裏に残り続けている。

敷地の端部からサラバイ邸までの旅路《みちのり》は、かなりの距離で、アプローチは、まるで公園のなかを歩んでいるかのような光景だった。当時のアーメダバード[※1]は、綿織物を中心とした繊維業で活発な経済活動がなされており、サラバイ家はそんな繊維業のとりまとめ役を担っていた旧家だった。同じくコルビュジエが手がけた繊維業会館[※2]も、その流れから実現したものだ。

コルビュジエは「サヴォア邸」[60頁]でも触れたように、〈近代建築五原則〉を打ち立て、建築の近代化をプロパガンダしながら、伝統を重んじるボ・ザール的なものと戦っていた建築家である。「サヴォア邸」では、それを純化させながら記念碑的なモダニズム住宅をつくりあげた。その五原則の価値を強く表出させるために、〈削ぎ落としたもの〉があるとすれば、それが晩年の作品には溢れ出ているように感じるのだ。

当時、コルビュジエは2軒の住宅をこの地に設計していた。サラバイ邸と、もう1つがショーダ

※1　インド西部、グジャラート州の主要都市。アフマダ・バード
※2　アフマダバードの主要産業であった繊維織物業協会の集会場。繊維織物協会はコルビュジエのパトロンでもあった

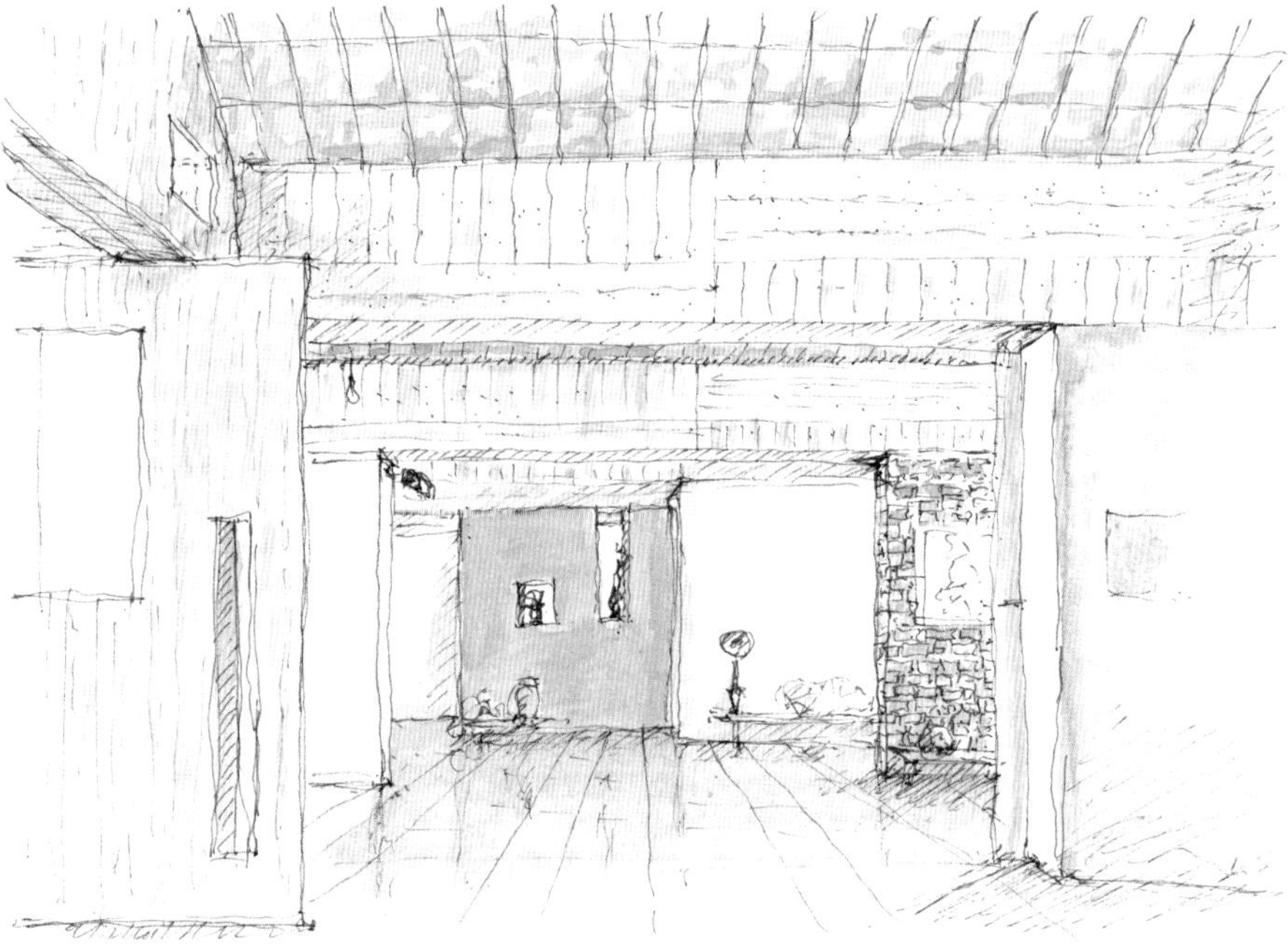

著者によるリビング廻りのスケッチ。回転扉（スケッチ左）により部屋が連続的につながっていく

ン邸である。この2軒、実は同時期に設計されたとは思えないほどに設計手法が異なる。ショーダン邸は、建築的なプロムナードが初期の作品からさらに自由度を増し、スロープや開口部などのデザインの要素も饒舌《じょうぜつ》。外観からも内部の複雑な構成が伺える住宅である。一方サラバイ邸は、まるで周囲の緑に埋もれるようなさりげない佇いである。未亡人であったサラバイ夫人と、当時大学生だった2人の息子たちのために、「『大地に密着し木立に囲まれた解放された家、自ずと平和が宿るような家』が必要とされた」、とコルビュジエは語っている。

玄関から内部に入ると、そこが1つの煉瓦で組まれたカタラン風ヴォールト[※3]の下であることが分かる。外観からはこのアーチが見えないので、内外で空間の印象は大きく変わる。

3m強のピッチで連続するヴォールト屋根は、自動散水式の芝生が茂る屋上を支え、そのアーチは風の流れを受け入れるように開かれている。そして開口の先には、満々と水を蓄えた池がある。日射を屋上の芝生と散水で和らげ、池の上を通過

※3　ヴォールトとは、アーチを平行に押し出したかまぼこ型の天井様式および建築構造。サラバイ邸では、カタルーニャ地方（スペイン）発祥の薄いレンガを使ったカーブの緩いヴォールト（カタルーニャボールト）が用いられている

Data
所在地：アーメダバード（インド）
階　数：地上2階

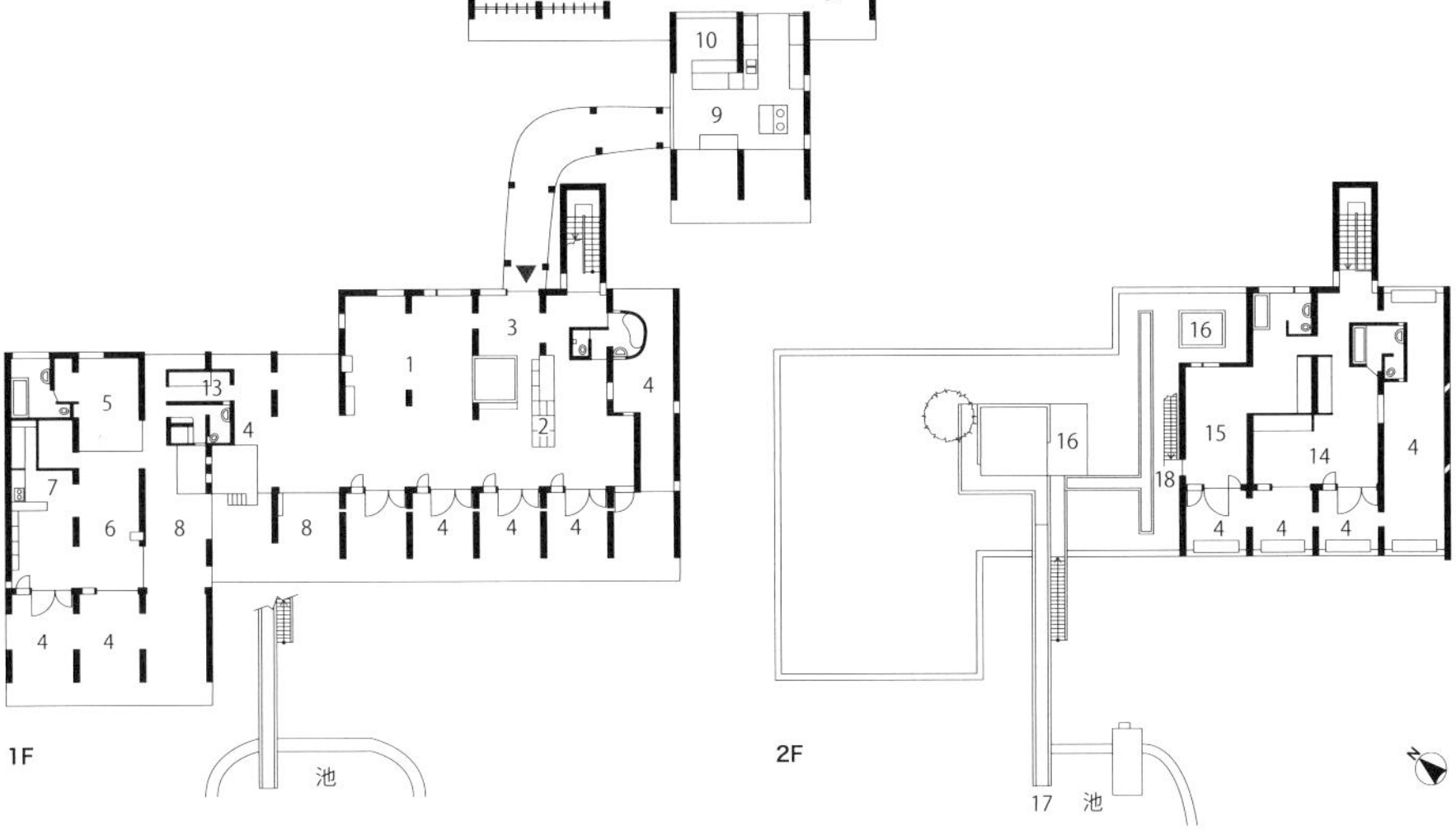

1. リビング・ダイニング
2. 図書室・スタジオ
3. 小さなオフィス
4. ベランダ
5. 寝室
6. スタジオ
7. キッチン
8. ポーチ
9. 調理場
10. パントリー
11. 使用人室
12. ガレージ
13. 管理人室
14. 婦人の寝室
15. 息子の寝室
16. オープンテラス
17. 滑り台
18. 屋根への階段

することで冷やされた風を室内に導くためだ。この住宅を訪れたのは3月上旬のことだったが、昼間の暑さは35度以上あり、日射しも強烈だった。ところが、室内に足を踏み入れた瞬間にひやっとした空気に包まれた。空調に頼ることなく、心地よさを生み出すための構成だといえる。

内部空間は大きな軸回転扉によって間仕切られ、内外の境界線が連続的につながっており、小スパンのヴォールトと相まって親密度の高いヒューマンなスケールをつくりだしている。そのうえで自由に配置された耐力壁が、驚くほど空間をリズミカルにつなげていく。ヴォールトは強烈な方向性を生むから、ともすれば単調な空間の連続になってしまうリスクを抱える。しかし、ここで感じた空間体験は、生活に寄り添いながら緻密に考えられた壁の構成だけで、どれだけ豊かな居場所を生み出すことが可能であるかを教えてくれる。

晩年の巨匠が、インドの気候と向き合いながらつくりだしたこの住宅は、〈削ぎ落としたもの〉の可能性を、家族の平和な居場所をつくり出すことで示唆しているように思えるのだ。

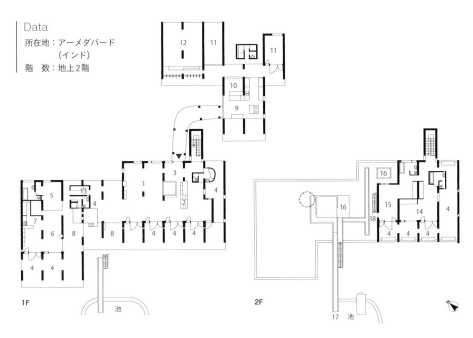

Maison Louis Carté

建築のフトコロ

カレ邸

設計	アルヴァ・アアルト
竣工	1959年

建築には、厳しい気候条件から生活を守るためのシェルターとしての役割が求められる。アアルトの建築に触れていると、より切実にそれを感じ、建築の機能性を高めるための手法が多様なデザイン要素へとつながっていることに気づかされる。

アアルト設計の「ヴォクセニンスカの教会」〔89頁〕を訪れたときも同じことを感じた。外観は、やや無骨ともいえる形状の窓が印象に残るが、内部に入ると自由な曲線でデザインされた明るい窓に驚かされる。この窓、実は二重サッシュになっており、外部の窓と内部の窓の間にけっこうな空間がある。寒冷地だからこそ、断熱のための空気層が取られているのだ。だから、内部の窓は雨水の浸入に耐える必要はない。それゆえに可能となったデザインであった。

気候との対話をデザインに昇華するなかで辿り着いたかたち。外と内との間に必要とされたフトコロ（距離）が生む自由なデザイン。それは北欧より温暖なパリ郊外に位置する「カレ邸」においても、大切なデザイン手法として踏襲されている。

外観で強く印象に残るのは、傾斜する敷地と呼応するシャープな片流れの屋根。そのラインは、白い外壁と空とを鋭く分かつ。しかし建物に近づくにつれ、平面上の凹凸によって屋根のラインは

東側外観。ゆるやかな勾配屋根が周囲のランドスケープと一体化している。現在は木々に囲まれているが、昔は西側に大きく視界が開けていた

リビングを見る。アアルトの手によってデザインされたさまざまな照明器具が随所に置かれている

変化を見せる。

玄関扉から内部に入ると、その向こうには大きなボリュームのギャラリーが待ち構えている。高い部分では天井高が5mもあるこの空間は、アカマツの板で曲面天井がつくり込まれている。勾配屋根のシャープな外観からは想像がつかないダイナミックな空間だ。これも、屋根から天井の間に少しフトコロを取ることで実現したデザインだ。この天井を施工するために、わざわざフィンランドから大工を呼んでいることからも、この空間にかけられた想いの強さが伺い知れる。

マイレア邸［82頁］から20年後に設計されたこの住宅の依頼は、パリの有力な画商からであった。新進気鋭のアーティストたちと生涯の友人関係にあったアアルト。共通の知人であるアーティストを介してクライアントと出会うところや、アートを生活空間と融合するという点は、マイレア邸と共通している。しかし、すべてが同然という訳ではない。マイレア邸では、広い生活空間に点在させるようなアートとの共存が印象的だが、このギャラリーはアートのためだけにリビングと同規模

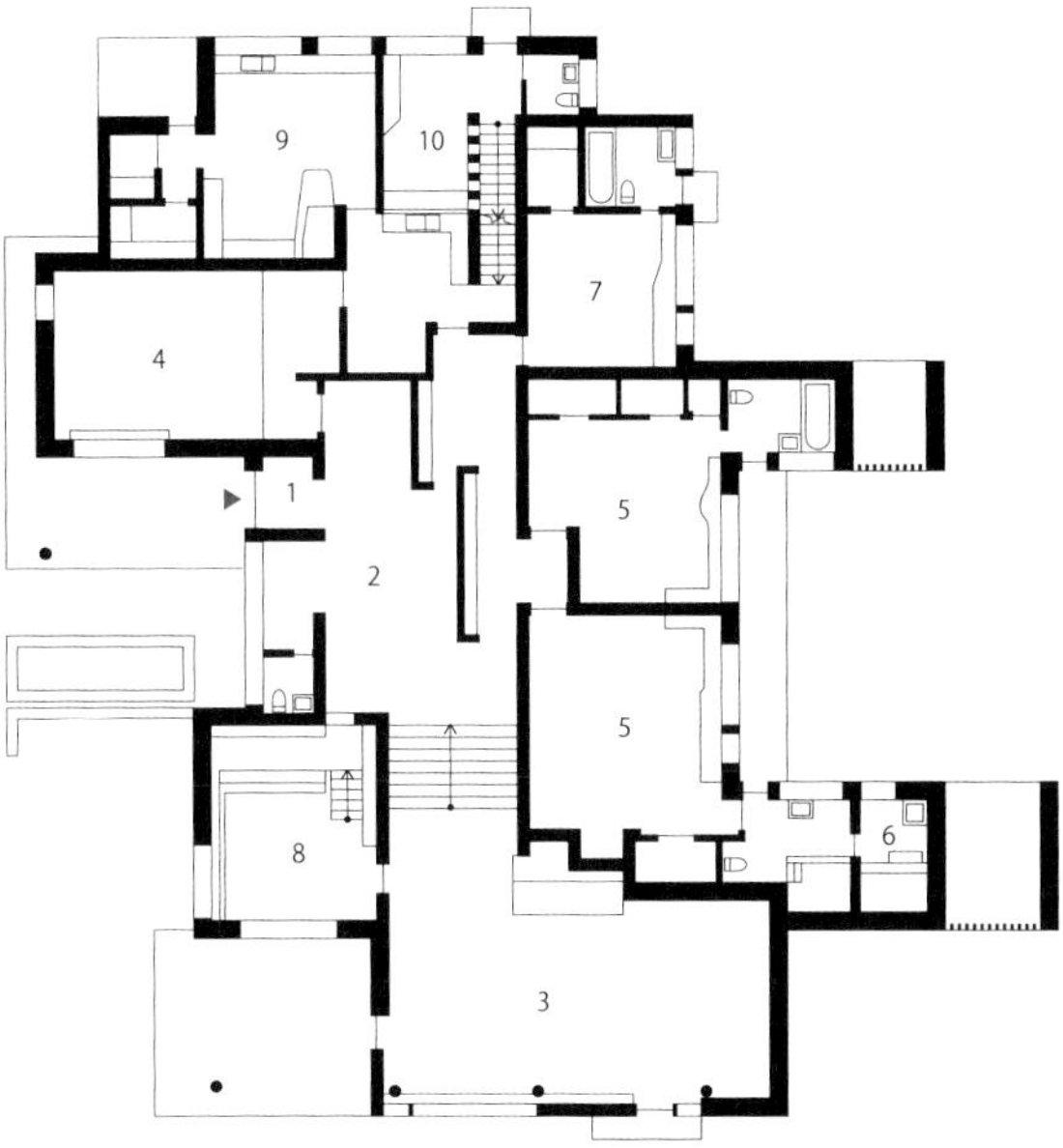

1F

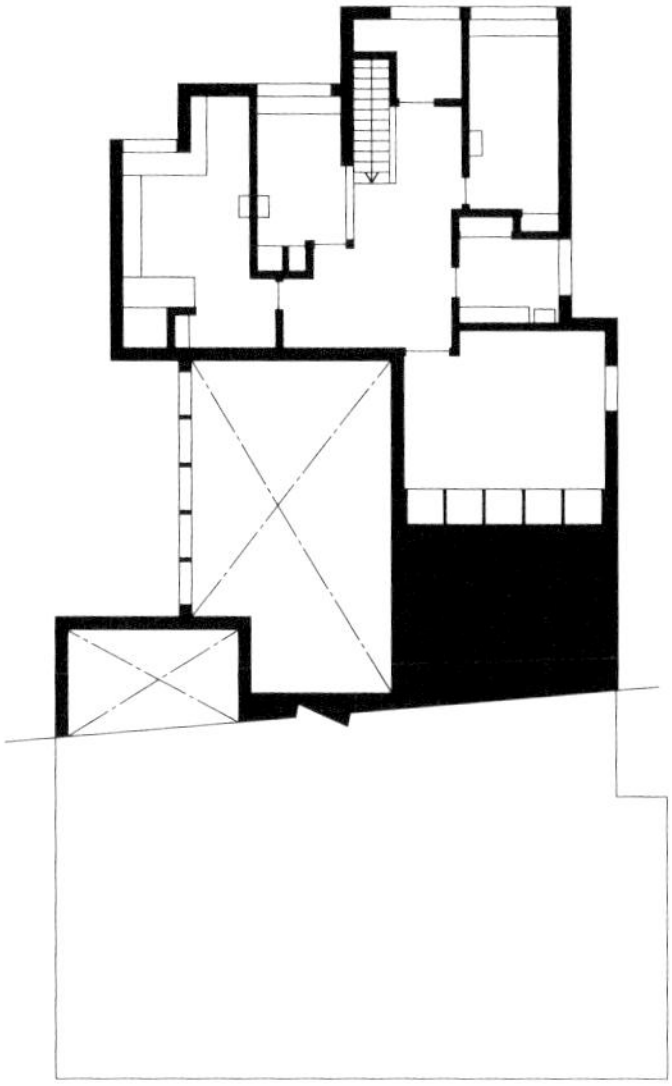

2F

Data
所在地：バゾッシュ
（フランス）
階　数：地上2階

1. エントランス
2. ギャラリー
3. リビング
4. ダイニング
5. 主寝室
6. サウナ
7. 子ども室
8. 図書室
9. キッチン
10. 使用人部屋

の面積が取られていた。ギャラリーがよりパブリックな性格の場、人と人が交わる場所として考えられていたのだ。住人の動線も必ずここを経由するように考えられていて、ダイニングに行くときも寝室へ行くときも、この空間を味わうようになっている。リビングへは、ギャラリーから7段の階段を下りていくことで到達する。2つの空間は連続していて、〝階段を下りる〟という行為が用途を区切っている。内部空間で印象に残るのは、マイレア邸にある森の隠喩のような要素の多さは影を潜める代わりに、美しいプロポーションでさまざまな部分が組み合わされていること。それは、空間により洗練された印象を与えている。その空間に、彩りとユーモアを添えるのは、アアルトがデザインした照明器具だ。

この家の完成パーティーには359人ものゲストが訪れ、コクトー［※1］やジャコメッティ［※2］、コルビュジエなども参加した。多くの人々を迎え入れた建築空間。その空間を実現した建築のフトコロ。〈余白《フトコロ》〉がもたらした豊かさについて、考えてみたくなる住宅である。

※1　ジャン・コクトー（1889〜1963）。フランス出身の詩人、劇作家。絵画や映画監督など、手がけた芸術作品は多岐に渡る。代表作に「ロミオとジュリエット」など｜※2　アルベルト・ジャコメッティ（1901〜1966）。スイス出身の彫刻家。線のように長く引き伸ばした身体の造形が特徴

ペーター・ベーレンス設計、ヘキスト染色工場（1925年竣工、ドイツ）内観スケッチ

Chapter 5

Esherick House／Louis Kahn
［エシェリック邸／ルイス・カーン］

Casa Veritti／Calro Scarpa
［ヴェリッティ邸／カルロ・スカルパ］

Vanna Venturi House／Robert Venturi
［母の家／ロバート・ヴェンチューリ］

Gwathmey House／Charles Gwathmey
［グワスミー邸兼アトリエ／チャールズ・グワスミー］

Esherick House

建築の贈り物

エシュリック邸

設計｜**ルイス・カーン**
竣工｜1961年

その小さな住宅は、アメリカ東海岸の都市フィラデルフィアから列車で30分ほど行った郊外の住宅地に建っている。建築家ルイス・カーンが彫刻家ワートン・エシェリックの姪、マーガレット・エシェリックのために設計した家だ。

世界的巨匠として名を残したルイス・カーン。この住宅を手がけていた時期、彼は後の代表作となる数々の建築設計を手がけていた。そのほとんどが、1960年代以降のわずか10年ほどの間に、まるで生き急ぐかのように産み落とされたものだ。そして73歳のとき、ニューヨークの地下鉄駅で彼の人生は突然に終止符が打たれたのだった[※1]。

カーンは公共建築の仕事で忙しい時期でも、住宅の仕事を断らなかったという。その理由は、晩年に語った次の言葉に表れているように感じる。「どんな建物も、家なのです。それが議事堂であろうと、個人のための住まいであろうと」。この言葉は、カーンが建築をつくるときの基本的な姿勢を表している。

「ROOM」と書かれた、カーンの有名なドローイングがある。アーチの下に暖炉の火があり、人が居る。それらを包み込む空間をつくり出すことが、建築を生み出す根源的な動機となることを示唆したものだ。「大きな空間をつくり、自由に

北側（道路側）より建物を見る。2階床や屋根は木造とすることで厚みが抑えられている

※1　バングラデシュ出張から帰国途中で、ペンシルヴァニア駅のトイレで心臓発作のため亡くなった

南西側の外壁と煙突との間に
設けられたスリット窓

著者による南西側の外観スケッチ

区切って使える」というユニバーサルスペース［※2］のような考え方とは対極的であると言っていい。だから住宅の設計をするときも、大きな構造体をつくって、その中で「間取りをする」ような手法は採らない。そのスタンスは、美術館などの大きなスケールの建築でも一貫していた。

　カーンが建築教育を受けたころのペンシルヴァニア大学は、フランスのボ・ザール［60頁・※3］の流れを汲《く》む古典建築をベースにした教育環境があった。近代の新しいものをつくることを目的としたバウハウス［55頁・※1］のような場とは異なり、建築を長い歴史の一部として学ぶ環境があったのだろう。

　緑溢れる公園を背景に、その住宅は静かに佇んでいた。不思議なほどこぢんまりとして見えるのには、理由がある。コンクリートブロックでできた壁は、暖色のモルタルで仕上げられているが、2階の床と屋根は（一部でRCが使われているものの）木造で構成されている。それによって、床下や天井の懐《ふところ》が小さくなり、全体のプロポーションに軽快さを与えているのだ。もしすべてをRCで構成し

※2　建築家ミース・ファン・デル・ローエにより提唱された建築理念で、最小限の構造部材で構成される多用途な空間のこと。構造技術の進化によって可能となった

吹抜けよりリビングを見る。通風用の窓は全開可能（写真右下）。箱に設けられた「窓」というよりも、自由に操作し、演出できる「壁」といってもよいだろう

たら、構造体の強さが際立ち、ここまで繊細な佇まいにはならなかっただろう。

プランとしては、中央にある階段を挟んで、その両側に吹抜けと大きな書棚のあるリビング、ダイニングと寝室のある2層のスペースに分かれている。それぞれの空間は独立性をもちながらも、緩やかにつながっている。規模的な条件で一体化はされてはいるが、これも「ＲＯＯＭ」をつくり、結びつけることで生まれた構成だといえる。

道路側の開口部で印象に残るのは、上階に設けられた大きな嵌《は》め殺しの高窓だ。外からは、室内の天井が少し見える。夕暮れ時には、生活のぬくもりを街に伝える役割も果たすのだろう。同時に、この窓が切り取った空と街路樹の緑を、リビングで過ごす人にプライバシーを守りながら届けるのだ。一方、南側の窓は隣地にある公園に向けて大きく開かれている。こちらも嵌《は》め殺しだが、実は両側にある板戸が、空気の通り道となっている。「見るため」の大きなガラス部分を開閉できるようにしようとすると、機構が複雑になるうえに、開閉部の障子枠が出てくる。そのため、それぞれ

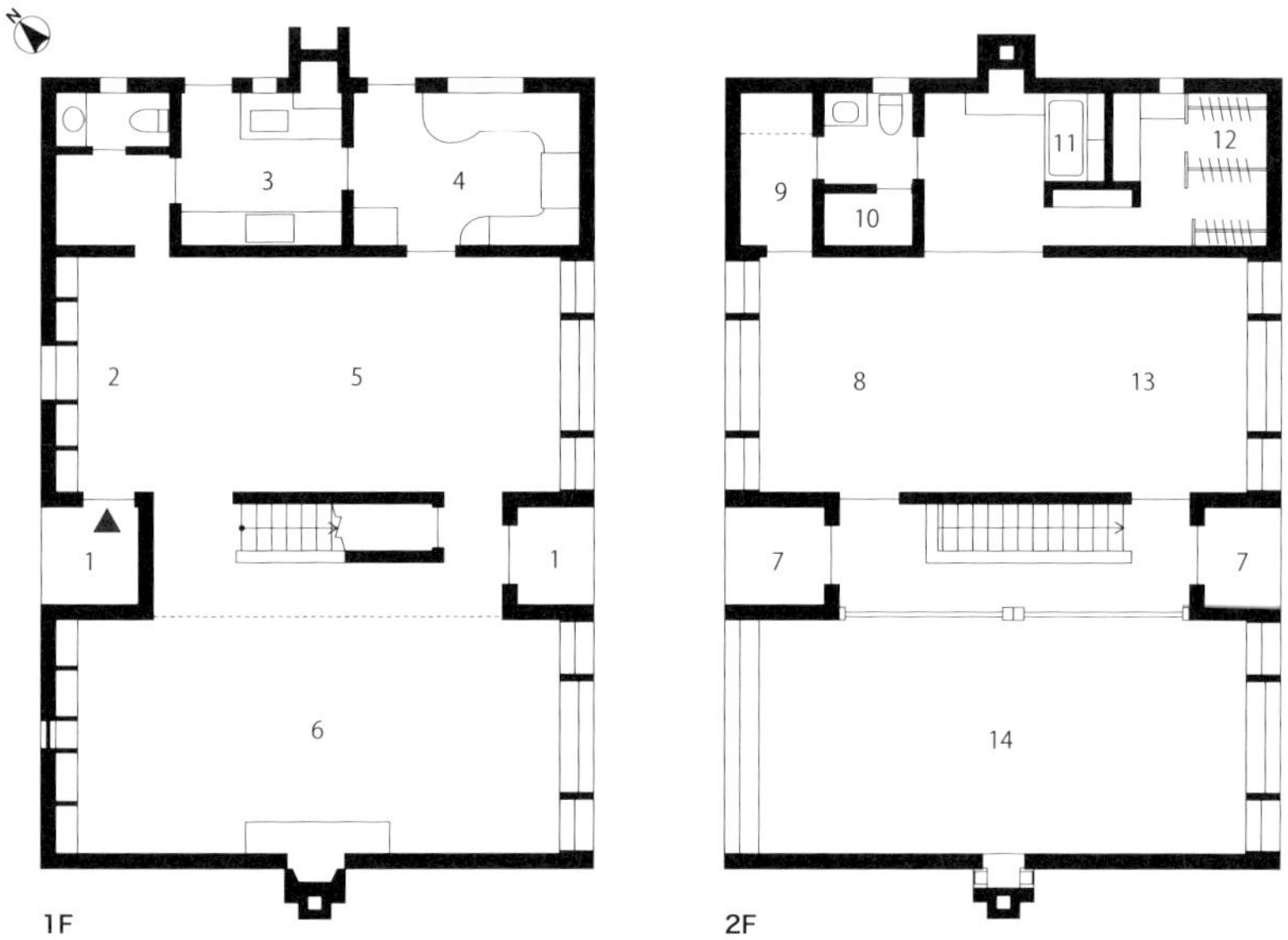

Data
所在地：フィラデルフィア
（アメリカ）
階　数：地上2階

1. ポーチ
2. ロビー
3. 洗濯室
4. キッチン
5. ダイニング
6. リビング
7. 2階ポーチ
8. 書斎
9. 物置
10. シャワールーム
11. 浴室
12. 衣裳部屋
13. 寝室
14. 吹抜け

に「見る」と、「風を導く」ための役割を与えている。実は、道路側にも書棚の一部に通風用の開口が仕込まれている。こうして「ROOM」に穿《うが》たれた窓は、生活空間と外の環境とを丁寧に取り結んでいるのだ。

そして、一見すると突き放したように素っ気ない南西面ファサード。よく見ると暖炉の煙突が外壁から少し離されていて、その部分がスリット状の窓になっている。夕方から日没の時間帯には、そこからリビングに一筋の夕陽が差し込むのだ。このスリット窓は、季節によってまた天候の変化によって日ごとに移ろい、時の流れのなかで劇的に変化していく夕陽の様《さま》を、西日の暑さに晒されることなく届ける。そのときこの「ROOM」は、この場所が地球の一部にあるということをより直感的に住み手に教えてくれる。それは生活空間に「建築」が届けてくれる、贈り《ギフト》ものなのだ。

Architect Column 09

Louis Kahn

ルイス・カーン

1901.2.20－1974.3.17

Works

ソーク生物学研究所
（サンディエゴ、1965）

ペンシルヴァニア大学リチャーズ医学研究棟
（フィラデルフィア、1965）

キンベル美術館
（フォートワース、1972）

バングラデシュ・ダッカ首都大学・国会議事堂
（ダッカ、1983）

建築の設計には常に選択が伴う。Aを選ぶのか、Bを選ぶのか。設計者としてその選択に迫られる日々のなかで、ふと「カーンはAもBも欲しかったんだろう」と思う瞬間がある。それが最も分かりやすく現れているのは、名作として名高いキンベル美術館だろう。その空間は、美しいプロポーションのアーチ・ヴォールト［※1］に覆われていて、頂部のスリットから採り入れられた自然光が巧妙に投射された反射光によって、ヴォールトに拡散しながら間接光となって降り注ぐ。しかしこの空間を生んだのは、建築構法的な矛盾なのだ。橋などの一般的な組積造アーチをつくるプロセスを見たことがある方なら、石材を支保工の上で両下端から積み、最後に頂部の要石《キーストーン》をはめてアーチを安定させ、それから下の支えを外す……という流れを覚えていることだろう。スリットから差しこむ光は、この要石を外したことによって導かれている。これは、スリットの両側をアーチではなく巨大な梁として構造解析することで実現した空間なのだが、その根底には〈光は空間の頂部から導かれるべきだ〉という強い意志と、諦めずに矛盾を追いかけて、第三の答えに昇華させてしまう執念があったのだろう。

カーン自身の生き方にも、それは表れている。実は、カーンには3つの家庭があった。映画『マイ・アーキテクト ルイス・カーンを探して』は、カーンの子息が自らのアイデンティティーを探すために、父とその家族の歴史を追いかけたドキュメンタリーだが、映画のなかで妻たちは「疑いなく自分はカーンに愛されていた」とそれぞれに語るのだ。

カーンは「事務所は私のチャーチ（教会）だ」と言ってスタッフたちに日曜勤務をさせ、驚異的な集中力で設計を修正し続けた。スタッフらがその熱狂に呑まれながら作業を続けるうちに、1つの建築がかたちを成していく。

きっと、そこに境界線はなかったのだろう。手がけた建築にも、彼自身の人生にも、すべてを捧げて走り続けた建築家の姿が投影されているように思えてならない。

Profile　20世紀に活躍したアメリカ人建築家。住宅から公営住宅、都市計画まで幅広く手がけた。構造と意匠を融合させた建築が特徴。重厚なレンガや打放しのコンクリートに、繊細なガラスなどを組み合わせる独自の感性をもっていた

※1　古典的には石やレンガなどによって、天井や屋根をアーチ状に張り渡した空間形態。ここではRC造のサイクロイド曲線が用いられている

Villa Veritti

それは変奏されていく物語のように

ヴェリッティ邸

設計｜**カルロ・スカルパ**
竣工｜1961年

アプローチからリビングの窓を見る。ライトに影響を受けたことが感じられる幾何学的な木製サッシュの窓割りが美しい

そのとき、ある種の失望と共に立ち尽くしていた。どんなに身を乗り出しても、そこからは外壁のごく一部しか見えなかったからだ。建築ガイドブックには、「外から見ることができる」と書いてあったけれど、実際は旗竿敷地のうえアプローチも長く、せいぜい存在を確認できる程度でしかなかった。ここウーディネの街まではヴェネツィアから列車に乗って2時間ほどかかる。丘の上へと続く美しい回廊が非常に印象深い街だが、特に観光地というわけではない。かくいう自分も、このヴェリッティ邸を見るためだけに来たのだ。

　仕方がない、と諦めてきびすを返そうとした瞬間、ガレージの電動扉が開き、中から車が出てきた。あわてて運転席の女性に話しかけ（かなり片言のイタリア語だ）、ぜひお宅を見せてほしい、とお願いすると「今日は買い物に行くから無理だけれど、明日の朝なら」と快諾してくださった。

　翌朝再訪し、長いアプローチを抜けると、角度の振られた面、R《アール》の壁、三角のモティーフ、柱の装飾など非常に饒舌な建築の姿が現れた。

　この住宅を設計したカルロ・スカルパは、ある時期フランク・ロイド・ライトの研究に携わっていた時期があった。この住宅の設計をスカルパに依頼したルイジ・ヴェリッティ弁護士は、協同研究者の親戚であった。ヴェリッティ氏はまずスカルパに一族の墓所の設計を依頼し、それから10年後の1961年に完成したのがこの住宅だ。そのころ、スカルパはオリヴェッティ［※1］のショールームなど、後に代表作となる作品を手がけていたのだが、そのキャリアの初期にはさまざまな事情があってなかなか実作に恵まれなかった。一時期はヴェネツィアン・グラスで知られるムラーノ島に籠って、ガラス器のデザインを手がけていた時期もある。ライト研究つながりで受けた仕事であったことも影響してか、この住宅では、柱の装飾や窓のデザイン、スチールに使われているチェロキーレッド［※2］などに、ライトの影響を感じる。しかし、スケッチをしながらディテールを観察していくうちに、やはりこれはスカルパのデザインだと確信する。ライトの手法からは、デザイン要素を全体として統合していくのだというライト自身の強い意志を感じる。スケールの大小を問わず

※1　イタリアを代表する歴史的なタイプライターの製造・販売会社。現在はテレコム・イタリアに買収され、主にシステムソリューション事業を運営している｜※2　ライトが「差し色」として使うことを好んだ赤茶色のこと。建築だけでなく、手描き図面や照明など作品の随所に見られる

ヴェリッティ低外観スケッチ

家具や小さな備品に至るまでが、彼のデザインで埋め尽くされていくのだ。一方、この住宅で展開されているディテールは、もっと自由な振る舞いで、どんどん変奏《バリエーション》を重ねていく。それらはまるで、それぞれの空間にあわせて精緻なレベルで繰り広げられる一編の「物語」のようだ。そもそも物語というのは不可逆的に進行する。そこには常に時間経過を伴うから、もとには戻らない。だから長いプロセスを経て出来上がる空間には、もし同じプロセスをもう一度辿ることになっても、きっと同じ選択にはならないのだろう、と感じさせられるものがあるのだ。

　ひとしきり考え事をしながら外観のスケッチを終えると、リビングだけなら……と、招き入れてくださった。内部空間のディテールの密度は、外から見るよりもさらに一段と高まり、そこに費やされた膨大な詳細検討の結果を思わせる。しかしその空間には不思議なほど緊張感がないのだ。そこには、いわば人の生活を受けとめる場としての〝大らかさ〟があった。それは、さりげなく置かれていたアアルトによるデザインのスタンドが、

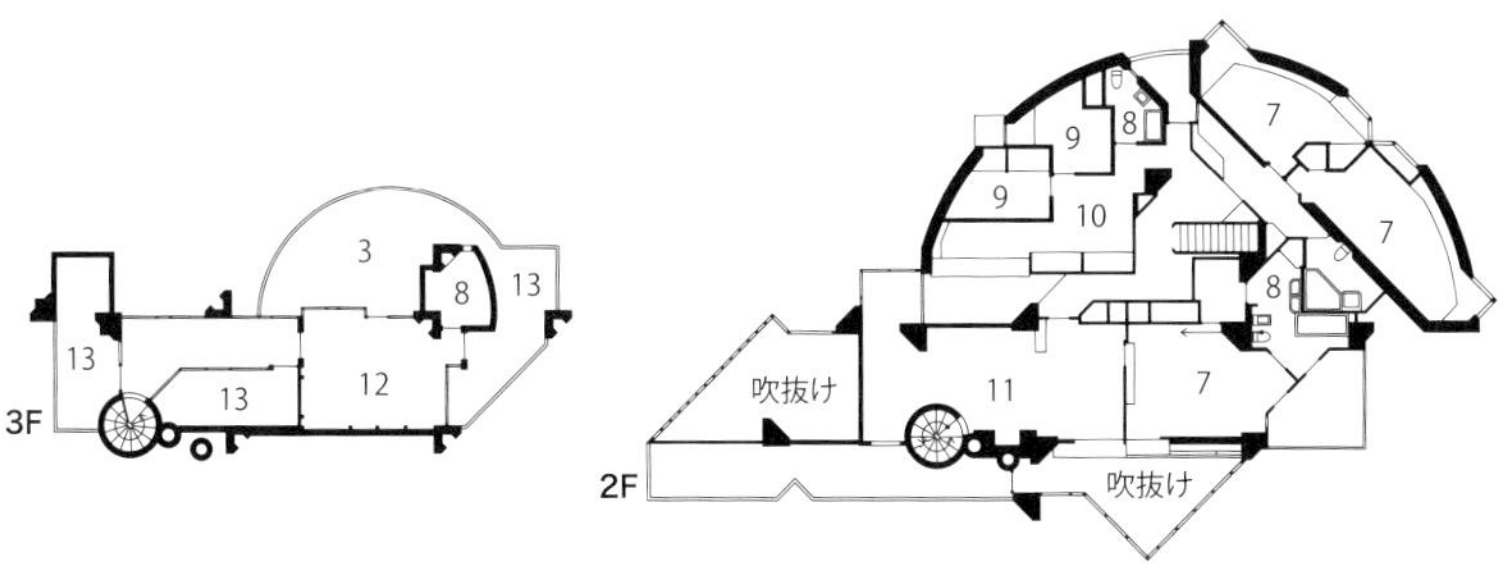

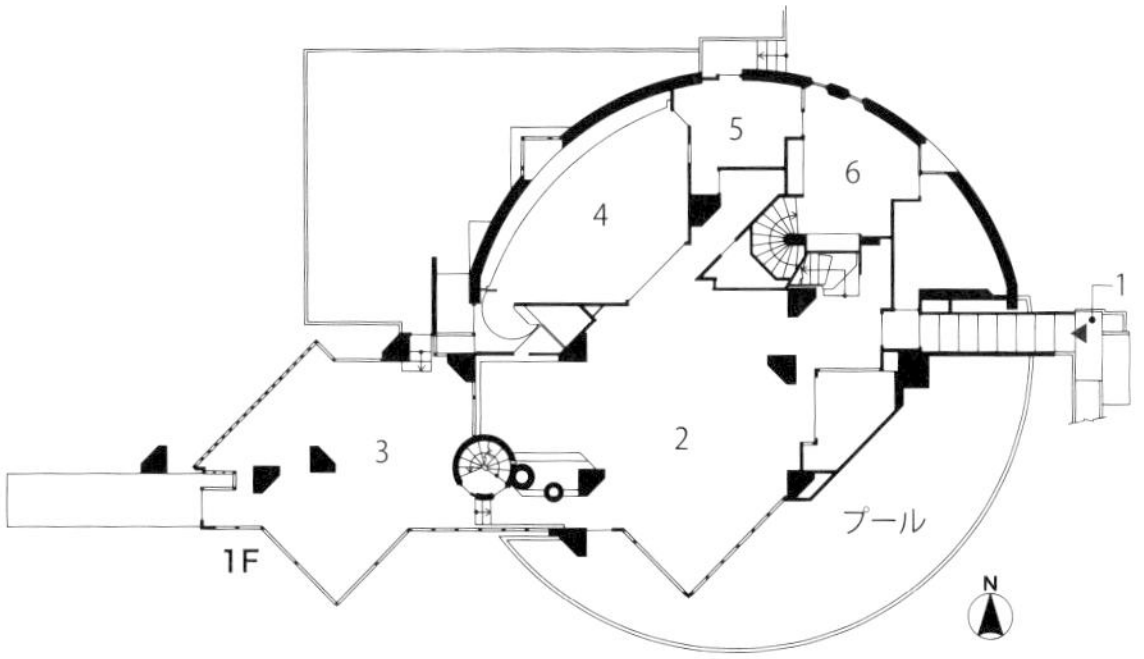

1. アプローチ
2. リビング
3. サンルーム
4. ダイニング
5. サービスルーム
6. キッチン
7. ベッドルーム
8. バスルーム
9. サービスベッド
10. ワードローブ
11. サロン
12. スタジオ
13. テラス

Data
所在地：ウーディネ（イタリア）
階　数：地上2階

違和感なく空間に溶け込んでいたことにも表れていたように感じる。

スカルパとライトは、'51年にヴェネツィアで対面している。ライトはその折にムラーノ島の工房で、作者を知らぬまま美しいガラス器を5点を購入していた。実はそれはスカルパがムラーノ島に籠《こも》っていたときに制作した作品だったのだ。世代の異なる二人の建築家が、美しいと感じるモノを通して、互いに繋がっていたことに打たれる。

私はずっと、スカルパの建築に〈日本——東洋的なるもの〉を感じてきた。だが、スカルパが実際に日本を訪れたのは晩年になってからのこと。その辺りがどうも釈然としなかったのだが、'99年、スカルパのアトリエに在籍されていた豊田博之氏のレクチャーの折、スカルパの〈日本〉についてどう思われるかと質問をしたところ、こんなコメントで答えて下さった。

「スカルパにとっての〈日本〉は、ライトから学んだもの、書籍から学んだものですよ。［※3］それから、スカルパはこうも言っているんですよ。『文化は世界を廻《まわ》っていくんだよ』と」。

※3　ライトは浮世絵の蒐集家としても知られ、設計手法においても左右対称の構造や軒の深さなど、日本文化から少なからぬ影響を受けていると言われている

Architect Column 10

Calro Scarpa

カルロ・スカルパ

1906.6.2–1978.11.28

Works

カノーヴァ美術館 石膏像ギャラリー
（1957、ポッサーニョ）

カステルヴェッキオ美術館
（1975、ヴェローナ）

ブリオン家墓地（1978、サン・ヴィート）

オットレンギ邸［172頁］
（1978、ヴェローナ）

カルロ・スカルパは、ヴェネツィア生まれの建築家である。とはいえ、この〈建築家〉という称号は彼の人生にとって悩みの種でもあった。

　イタリアが政局の影響もあり混乱していた時代、1926年に美術アカデミーを卒業し、ヴェネツィア建築大学に助手として就職する。在学中から設計実務を経験していた20歳のスカルパは、このとき建築家名簿への登録を申請するが、実務経験年数の不足を理由に却下されてしまう。

　大学に勤めながら彼は翌年、ムラーノ島のガラス工芸会社（ヴィニーニ）の美術顧問となる。

　スカルパはそこでの制作に没頭していくことになるのだが、その背景には、ムッソリーニによるファシズム体制がもたらした芸術面での閉塞感に対する自己防衛の想いもあったという。

　美術や、その展示空間となる建築の祭典である「ヴェネツィア・ビエンナーレ」。そこにも出品されたスカルパのガラス作品は美しい。それらの作品からは、ガラスという素材で何ができるのか、と探求を続けた痕跡を見て取ることができる。

　そのビエンナーレ会場において、スカルパはヴェネズエラ館を設計した。その建築の素晴らしさで大きな賞賛を受けたが、一方で保守的な層からの嫉妬を買った。そして、この建築を設計したことやその他の重要な歴史建築物を改修したことが〈無資格活動〉であるとして、告発されてしまうのだ。結局、オリヴェッティ建築賞の受賞をきっかけとして特赦となるのだが、保守派からの攻撃はこの後も続いた。歴史的景観を守ろうとするヴェネツィアという街の特殊性もあるだろうが、ヴェネツィア建築家協会の会長が4年後に再度告訴したという事実が、彼を取り巻いていた偏狭な空気を物語っている。

　ヴェネツィア建築大学で学長職にあった彼には、それでも建築家の資格が与えられなかった。そんななか、'78年、2度目となる運命の訪日に出かけ、仙台で客死《かくし》してしまうのだ。スカルパに〈建築家〉の称号が与えられたのは、その死の5日後のことだった。

Profile　イタリア・ヴェネツィア出身の建築家。素材の扱いに長けており、装飾的なディテールや技巧、古い工法を復興させた、職人的・工芸的な建築家といわれている

著者によるスカルパ作品のスケッチ

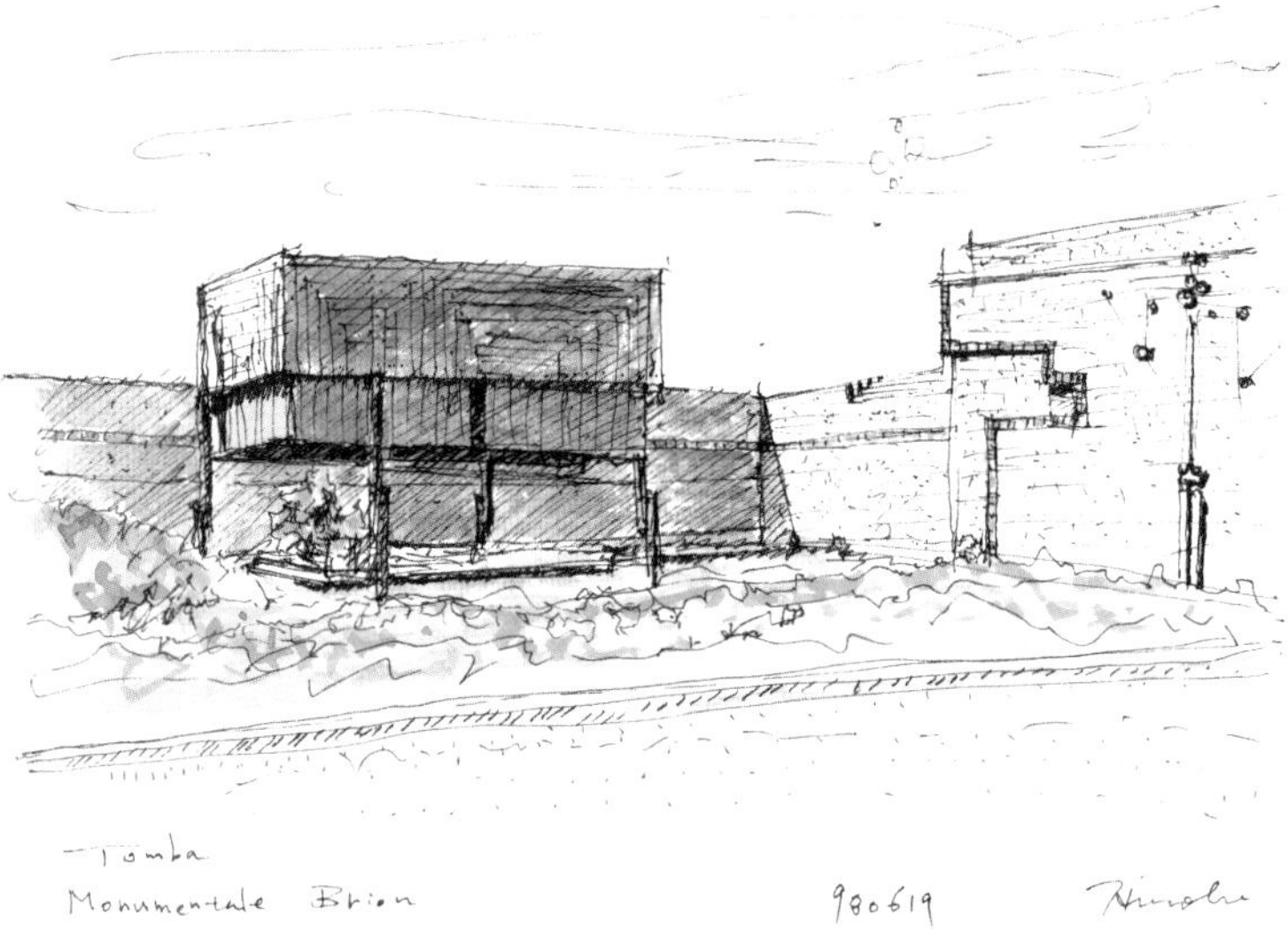

上段：ブリオン家墓地（1978年竣工、イタリア）外観｜下段：クエリーニスタンパリア美術館（1963年竣工、イタリア）中庭

Vanna Venturi House

受け入れる家

母の家

設計 | ロバート・ヴェンチューリ
竣工 | 1964年

南側外観。モダニズムではタブーであった正対称な切妻型の屋根が用いられている。正面中央に玄関があるように見えるが、扉は側壁に設けられている

その設計手法は師に対する愛情の裏返しなのだろうか。ついそんなことを考えたくなる建築家が、ロバート・ヴェンチューリである。ヴェンチューリの師であるルイス・カーン設計の「エシェリック邸」［140頁］からそれほど離れていない郊外の住宅地に、彼の母のために設計した住宅はある。

彼の残した言葉に、「レス・イズ・ボア（より少ないことは退屈なこと）」というフレーズがある。これはミースの名言である「レス・イズ・モア（より少ないことは豊かなこと）」を揶揄したものだ。自著『建築の多様性と対立性』では、本書の目的を「矛盾し対立するスケールと文脈を含んだポップアート［※1］の教訓として、純粋な秩序を求める堅苦しい夢から、建築家を目ざめさせる」ためだと述べ、近代建築の純粋性に対して異を唱えた。無理をして引き算してまでストイックに見せる近代建築的な手法よりも、雑多な要素がそのまま入り込む余地を与えるポップアート的手法のほうが今日的である、とアーティストたちから影響を受けながら建築の手法へと展開していた。

この住宅は、敷地の中央にポンと置かれたように佇んでいる。道路側から目に入るのは印象的な家形だ。一見古典的な佇まいだが、良く見ていくと煙突のような突起、左右の窓など、意図的に

※1　1950年代以降、イギリスやアメリカで発展した前衛芸術運動。大量生産・消費社会が表現のテーマで、広告や漫画、報道写真などの大衆的な素材がそのまま作品に取り入れられた

北側外観。南側から煙突のように見えていた部分は、
実は2階寝室の壁である

左右対称《シンメトリー》が崩されているのが分かる。更に近づいていくと、この三角形の家形そのものが「書き割り［※2］」であることが分かる。看板建築［※3］のように、ファサードのために用意された1枚の板（壁）なのだ。裏手に回っていくと建築の様相は更に複雑になっていく。そこにはさまざまな要素がコラージュされるように嵌《は》め込まれていて、その結果としての外観がそのまま顕《あら》わにされている。

内装デザイン会社で働いていた彼の母は、計画当時70歳に近く、未亡人であったため、コンパクトな生活空間を求めていた。そこでヴェンチューリは、1階に長年使ってきたアンティーク家具を置き、暖炉の火を楽しむ空間を設計した。基本的に生活は1階で完結するようになっており、生活のしやすさに配慮された住宅でもあった。しかし、細部を読み解いていくと、不思議な大きさで暖炉に絡みつく階段があり、さらに上階にある階段は、どこにも通じていない。「それは行き先不明であり、その意味では遊びにすぎない」と彼は述べている。

さまざまな記号的な要素、伸縮されて変形されたモノの大きさやスケール、構造的な混成……。

※2　舞台やスタジオセットなどで用いられる大道具。板材に、風景や建物などの背景を描いたもの｜※3　関東大震災後に数多く建設された店舗併用の都市型住居。資金不足のため、木造の町屋などのファサードにタイルなどを張り付けて表向きのみ洋風の外観に仕立て上げたもの

著者による外観スケッチ

Data
所在地：フィラデルフィア（アメリカ）
階　数：地上2階

1. リビング
2. 寝室
3. キッチン
4. 庭
5. 浴室
6. 物置
7. テラス

そこには何か1つの思想で建築や空間を統一しようという意図は見られない。いやむしろ、いかに「勝手な振る舞い」をさせるかに情熱が注がれているように見えるのだ。「様々な経験的事象を認め、受け入れながら」彼がつくろうとした建築には、複雑性を整理してはいけない宿命が最初から設定されていたのだと感じる。

この家を訪問したルイス・カーンは、感想ひとつ述べずに無言で帰っていった。カーン自身は教育者として、ヴェンチューリに自分と同じことはするな、と言っていたという。そして、忠実な教え子はそれを守ることによって、師を対立軸の反対側に立たせることになった。

著書のなかには、カーンの言葉が度々引用されているが、たとえば「『建物を廃墟に仕立ててしまった』ようなカーンのソーク研究所［※4］」という言葉から伺えるのは、少し歪《いびつ》な忠義心だ。そこからは尊敬する師であり、同時に乗り越えるべき先達のカーンに対して、〈多様性〉と〈両義性〉を抱え込んだまま向き合って進んでいくことへの決意を感じるのだ。

※4　細菌学者ジョナス・ソークによって開設された研究所。コンクリート打放しのシンメトリーな研究棟に挟まれた中央広場からは、海と空、大地がダイナミックに見渡せる

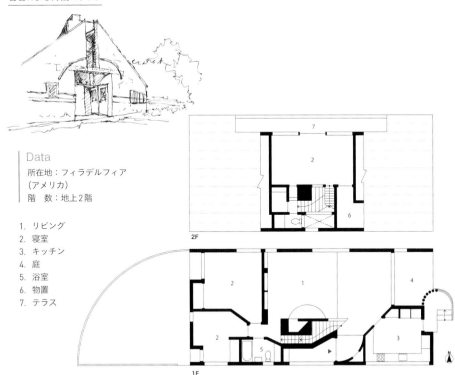

Gwathmey House & Studio

初速度を支えたものは

グワスミー邸兼アトリエ

設計｜**チャールズ・グワスミー**
竣工｜1966年

〝初速度〟という言葉がある。ある物体が宙に放たれ、動き出す瞬間の速さのことだ。この初速度によって、物体の到達しうる地点は変わっていく。この住宅を見ていると、その初速度に手を貸したであろうものが妙に気になってくるのだ。

この住宅は、当時まだ20代だったチャールズ・グワスミーが両親のために手がけたものだ。そのかたちは、純粋幾何学たる立方体からボリュームを抜き取り、別の幾何学を付加していくという形態操作の産物だ。

イエール大学で学んだグワスミーは、精神的な師と仰ぐル・コルビュジエの建築にフランスで触れる。その後、エドワード・ララビー・バーンズ［※1］の事務所に勤めるも、この住宅の依頼が両親からあったことを機に退職し、この依頼に専念して取り組んでいくこととなる。

グワスミーはのどかな田園地帯であったハンプトンズの平坦な敷地に、結果としてこの彫刻的ともいえる美しいプロポーションの住宅を完成させた。しかし、そのためのプロセスはすんなりとはいかなかった。当初は鉄筋コンクリート造の建築を想定していたが、コストがかかりすぎるということで断念。結局木造で設計をすることになるのだが、それでも想定されていた予算の倍ほどの見

東側外観。立方体と球体が交差する彫刻的なデザイン。3階建てとし、海への眺望を確保している（建物の最も高い部分は約12m。現在の建築制限では許可されない）

※1　(1915〜2004)。アメリカ出身の建築家。オフィスビル、美術館、植物園、教育施設から住宅のプロトタイプまで幅広く設計を手がけた

2階リビングよりらせん階段を見る。内壁はスギ板に
白いペンキを塗り、拭き取って仕上げている

積額になってしまったという。そこで、ニューヨークのプラット・インスティチュート［※2］で講師を務めながら、自ら現場監督となって建設業者と協働することで完成にこぎ着けた。

グワスミーが当初鉄筋コンクリート造で設計をしていったことには、おそらくコルビュジエの影響があっただろう。伝統的な手法ではなく、幾何学をもとにして古典的なアカデミーと戦っていたコルビュジエの手法は、著書の影響力をもって世界中に伝搬していたのだ。

しかし、グワスミーがこの住宅を考えるとき、クライアントであった彼の両親の存在が一役買っていたのではないかと考えたくなるのだ。画家の父と写真家の母（のちにテキスタイルデザイナーに転身）は、グワスミーのキャラクター形成に影響を与えていっただけではなく、息子の設計案に愛情を注ぎ、彼が注いだ初速度にブレーキをかけることなく走らせたのではないだろうか。迷いのないプランを見ていると、疾走感に似た感覚すら覚えるのだ。そのとき、初速度を支えたものは〝親心〟だったのかもしれない。

※2　ニューヨークで19世紀初頭に創立された私立高等教育機関。建築、インテリアデザイン、インダストリアルデザインの学科が名声広く知られている

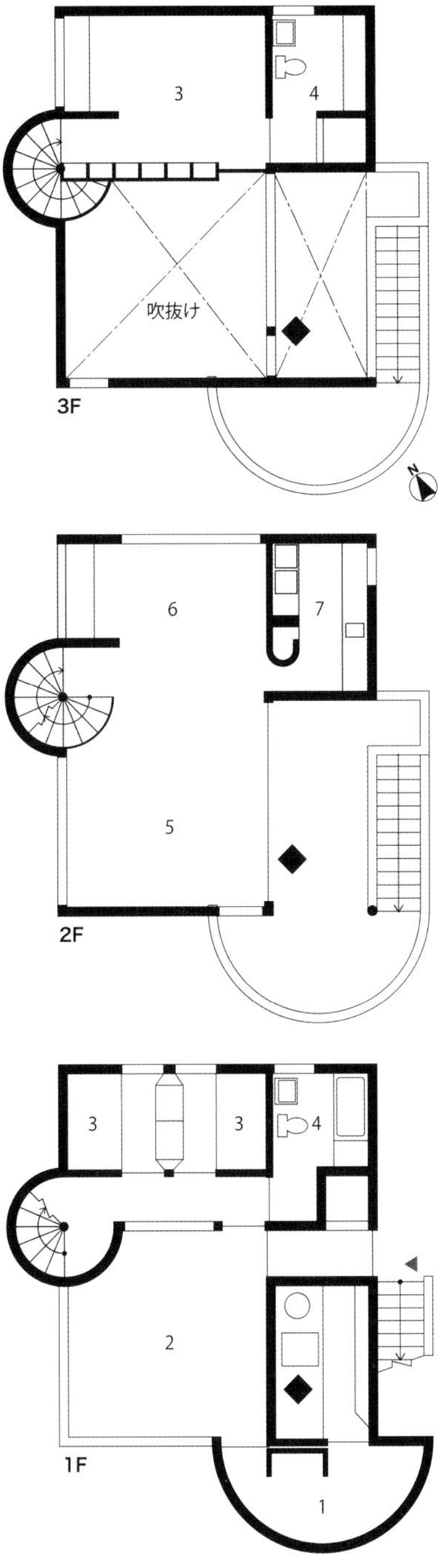

1. アトリエ
2. テラス
3. 寝室
4. 浴室
5. リビング
6. ダイニング
7. キッチン

Data
所在地：ロングアイランド
（アメリカ）
階　数：地上3階

ジョージ・ワイマン設計、ブラッドベリービル（1893年竣工、アメリカ）内観スケッチ

Chapter 6

Can Lis／Jørn Utzon
［キャン・リス／ヨーン・ウッツオン］

Casa Gilardi／Luis Barragan
［ヒラルディ邸／ルイス・バラガン］

Ottolenghi House／Calro Scarpa
［オットレンギ邸／カルロ・スカルパ］

Can Lis

砂岩に包まれた音のない空間

キャン・リス

設計｜**ヨーン・ウッツオン**
竣工｜1972年

その住宅の美しく閑《しず》かな佇まい。それは、建築家が置かれていた状況の裏返しとして立ち現れたものだったのかも知れない。そう思うと、少し切なくもみえてくる。

1957年、オーストラリアのシドニーに建設されるオペラハウスの設計競技《コンペ》で、建築家ヨーン・ウッツオンは思わぬ勝利を獲得した。コンペ時にウッツオンが提出していた資料はラフなスケッチ程度のものだったため、事前審査では落とされていたのだ。ところが、審査員のエーロ・サーリネン［108頁・※1］が拾い上げた。ゲートウェイアーチ［※1］をコンペで勝ち取り、のちにTWA空港ターミナル［※2］などを手がけることになるサーリネンにとって、この曲線の可能性を感じさせる案には、大いに共感するところがあったのだろう。

ウッツォンはコンペに勝利した後、オペラハウスの仕事に専念するため母国デンマークからオーストラリアに移り住んだ。そして当初案の放物線シェルによる複雑な形状を、より施工しやすい球面のバリエーションに構成し直すなど、建築を実現へと導くために大幅な設計変更を重ねていく。しかし内装案が決まったころ、建築主である州政府のトップが選挙で落選し退くと、建築主側と衝突するようになってしまう。理由は当初予算を大

海岸沿いの狭い敷地に建てられたこの住宅は、4つのパビリオンがひも状に連なる形で設計されている。写真手前はキッチンとダイニング、テラスの棟

※1　米セントルイス市の記念公園に建てられたアーチ状の建築物。高さ192m、最大幅192m。内部に備えらえたトラムを経由して展望台まで行ける｜※2　米ニューヨーク市のジョン・F・ケネディ国際空港の第5ターミナル。翼を広げたカモメのような外観が特徴。会社買収により2001年に閉鎖されるが、2019年にTWAホテルとして改装された

リビングからは絵画のように切り取られた海が臨める。部屋はほとんど装飾されていない

幅に上回る建設費の上昇（実に14倍以上に膨れていた）と、遅延し続けるスケジュールだった。結局、1966年に彼は解雇され、失意のうちにオーストラリアを去ることとなった。

そんなウッツォンがデンマークに戻る途中で立ち寄ったのが、スペインのマヨルカ島だった。地中海に囲まれたこの地に惹かれた彼は、1972年に自身の夏の別荘を建てた。それがこの「キャン・リス」である。ちなみに名称の「リス」というのは、彼の妻の名前からとられている。

島に土地を取得したウッツオンはしばしば周囲の崖に登り、そこから海に降りて洞窟に入っていたという。まわりを岩に囲まれたその場所からは、海の風景だけが切り取られる。そのとき彼が感じたイメージが、設計案にそのまま継承されていくことになった。当時のラフスケッチがいくつも残されているが、それらは海の風景をどうトリミングするかに対しての情熱を感じるドローイングだ。

建築資材として、島で採れる砂岩を採用したのも実に自然な流れであったのだろう。砂岩に包まれた空間の持つ強さ、そしてその強さがもたらす

1：ダイニング手前のスペースからキッチン方向を見る。テーブル、ベンチなども地域で採れた材料を使用。木製の家具はマヨルカマンツでできている｜2：シドニー・オペラハウスの外観｜3：著者によるウッツオン設計のバウズヴェア教会［167頁参照］外観スケッチ

シェルターの感覚。それらが洞窟で岩に包まれていたときの本能的な安堵感から来ているとすれば、オーストラリアを追われた建築家を癒すための居場所として、必要とされた素材《マテリアル》だったと思われるのだ。

リビングにみられる特徴的な窓は、内部から見ると、まるでガラスが嵌《は》まっていないかのようにみえる。これは嵌《は》め殺しの木製サッシュを開口部の大きさよりオフセットして外部に取り付けることで実現している。はめ殺しの窓と、厚い石壁がもたらすのは、美しい風景が切り取られる音のない世界。半円形の造り付けソファから、ただ風景を眺めるためだけにつくられた場。外にはパティオとして使えるオープンスペースが十分あるから、波音や風はそこで感じればいい。ここは〈守られた〉状況で美しい自然と向き合うためにつくられた空間なのだと思う。

この別荘が竣工した1972年は、ウッツォンが去った後、実に20年の歳月を掛けて建設されたオペラハウスの開館直前だった。開館式典では、彼の名前すら読み上げることなく、ウッツオン自

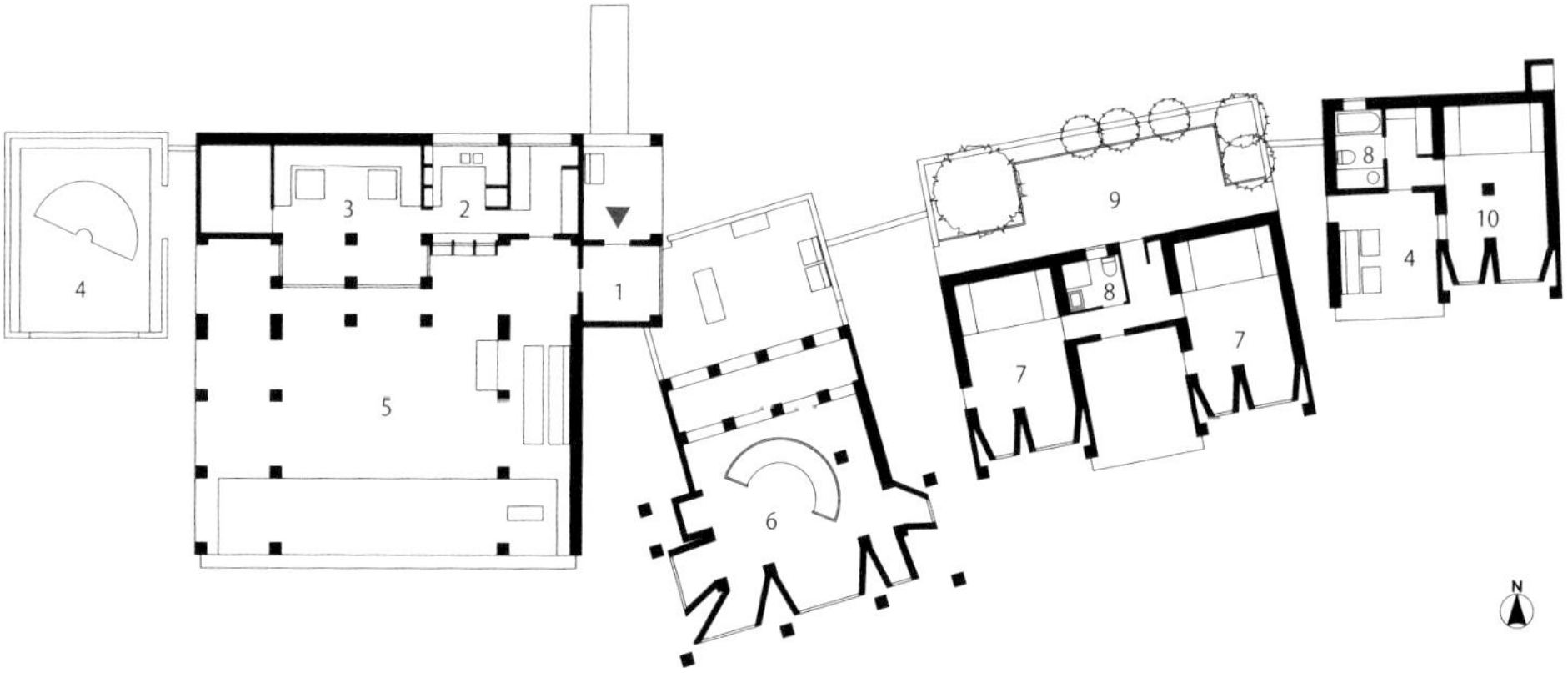

1. エントランス
2. キッチン
3. ダイニング
4. 裏庭
5. テラス
6. リビング
7. 寝室
8. 浴室
9. 中庭
10. スタジオ

Data

所在地：マヨルカ島（スペイン）

階　数：地上1階

身も、生涯二度とオーストラリアの地を踏むことはなかった。ところが、あのオペラハウスを設計した建築家がつくった家、ということでキャン・リスに人々が押しかけてしまう。その状況にうんざりしたウッツオンは子どもたちに別荘を譲り、島のひっそりとした別の場所に別荘「キャン・フェリーズ」を設計し、そこで晩年を過ごした。

時は流れて2003年、ようやくウッツオンはオペラハウスの「設計者」としてシドニー大学から名誉博士号を受け、勲章を授与された。高齢のため本人は行けなかったが、息子が代わりに受け取り、内装も当初ウッツオンが構想していた案に改修されることとなった。そして2007年、オペラハウスは世界遺産にも登録されたのだ、その翌年、ウッツオンは90歳で没した。

柔らかい光に包まれる強い砂岩の空間が、当時のウッツオンには必要だったのだろう。そして建築はときに、つくり手の心の機微を光景《シーン》として、空間そのものに映し込むのだ。まるで、建築がそこに存在する限り、いつまでも退色しないフィルムのように。

Architect Column 11

Jørn Utzon

ヨーン・ウッツオン

1918.4.9–2008.11.29

Works

プラネスターデンの公共住宅(1958、ルンド)

クウェート国際会議場(1972、クウェート)

バウスヴェア教会(1976、コペンハーゲン)

キャン・フェリーズ(1995、マヨルカ島)

ある家族を写した1枚の写真がある。晩年のウッツオンと妻リス、2人の息子と娘。みな満面の笑みだ。

ウッツオンの父は造船技師だった。ウッツオンの遺作となった「ウッツオン・センター」には、父の設計したヨットも収蔵されている。

アウトドア指向であった父は、彼を幼少期から釣りやキャンプに連れ出し、自然との向き合い方を教えた。都会より自然の多い郊外に暮らし、食生活は野菜中心の自然食だった。芸術家肌だったウッツオンは、絵画や彫刻に興味を示すが、彫刻家の叔父に助言を求めたところ、建築家への道を勧められたのだという。

オペラハウスの仕事のためにオーストラリアに渡ったとき、妻子も一緒だった。家族はいつも団結していたという。2人の息子はのちに建築家に、娘はデザイナーになった。

オペラハウスの仕事から離れたウッツオン夫妻は、デンマーク国内外の仕事を抱えていたので、マヨルカ島に定住はせずに、デンマークとの間を行き来しながら生活をしていた。そしてキャン・リスをつくった3年後、長男のヤンが片腕となり「ウッツオン・アーキテクツ」を創設。そして家族総出で取り組んだのがデンマークの「バウスヴェア教会」だった。建築家となった2人の息子に加え、娘のリンはカーペットなどのテキスタイルデザインを手がけた。実際に訪れてみると、外観は朴訥《ぼくとつ》な印象を受けるが、内部に入ると、曲面の天井から、柔らかく拡散しながら落ちる光に驚かされる。地中海の強い陽光とは全く違う様相で降り注ぐ北欧の太陽。その柔らかい光は、まるで雲間から注ぐように教会を充満させる。そして、家族の団結から生まれた仕事はオペラハウスでの挫折を越えて評価され、クウェートの国会議事堂などのプロジェクトにつながっていった。自然のなかに身を置きながら、家族と共に仕事をした日々。デザイン教育を受けながらも、家族を支えることに尽くした妻に見守られながら過ごした晩年。それが幸福な人生であったかという問いには、冒頭に紹介した1枚の写真が答えてくれるように感じる。

Profile　デンマーク出身の建築家、デザイナー。王立デンマーク芸術学院を卒業後、アルヴァ・アアルトのもとで経験を積んだのち独立。自然物や民家など土着的建築物のもつパターンに強く影響を受け、人の生活、自然、環境を統合した、機能的かつ有機的な空間を追求した

Casa Gilardi

伝えていきたかったもの

ヒラルディ邸

設計｜**ルイス・バラガン**
竣工｜1978年

※1　サン・クリストバルの厩舎（メキシコ、1968年竣工）。サラブレッドの繁殖と競走馬の訓練を専門に行うために建てられた。厩舎のほか、ギャラリー、馬術競技場が併設されている。現在は厩舎を経営する家族の邸宅として一部公開されている

この住宅がつくられ、今日名作として語られるためには、1人の若者の情熱が必要だった。

「彼は私にたくさんのことを教えてくれた。だが、私はほとんどの時間、本物の天才と話しているということを意識していなかったのだ。私は若すぎて、自分が『誰と』話しているのかということを本当の意味で理解していなかった」

　こう語ったのは、フランシスコ・ヒラルディ。バラガン〝風〟ではなく、「バラガンの住宅」を求めていた彼は、バラガン本人への依頼を試みるが、なかなか受け入れられなかった。バラガンの乗馬仲間だった叔父の関係で幼少期から面識はあったが、代表作の1つである「サン・クリストバル〔※1〕」を手がけてから10年ほども、彼は実質的な引退状態にあり、設計から離れていたからだ。しかしヒラルディは、バラガンの興味を引き出す言葉を添えて、熱心に説得を試みる。密集地の決して広くない敷地だが、素晴らしいジャガランダ〔※2〕の木があり、プールもある、と。バラガンは仕事を受けるかどうか3ヶ月考えさせて欲しいと答えたという。熱意が通じ、ついにバラガンが設計を受けることを決めたとき、彼は70歳を過ぎており、ヒラルディは40歳以上も年下だった。最初のプラン提案はペーパーナプキンの上だった

ダイニングよりプールを見る。鮮烈なブルーとピンクの壁をプールの水面が反射し、さらに天窓から降り注ぐ光によって幻想的な空間がつくり出される

※2　ノウゼンカズラ科キリモドキ属、高さ10ｍを超す高木。花径5㎝程度で、鮮やかな釣鐘状の紫色の花を咲かせる。和名は紫雲木《シウンボク》。火炎木、鳳凰木と並んで世界三大花木の1つとされている

1階ダイニングへと続く廊下。中庭側の壁（写真右）には、リズミカルにスリット窓が刻まれており、ガラスには黄色い塗装が施されている。奥に見えるプールの青い壁が、廊下の遠景をより際立たせている

という。ピンと来なかったというヒラルディは、依頼から半年後、具体的なプラン提案を受ける。その内容はというと、なんとダイニングはキッチンから20mも離されており、リビングは2階にあった。そしてヒラルディがなにも詳細を把握できないままに工事が始まると、既に仕上がっている壁は毎日のように引き倒して動かされ、長さも変えられていった。バラガンは自ら図面を描かなかったので、現場状況にあわせてドラフトマン［※3］が修正を加えた。色も何度も塗り替えられたというが、やり直しの費用は全額バラガンが負担した。1年半に渡って強い不安のなかで過ごしたヒラルディは、壁に色が塗られる段階になり、ようやくこの家の空間を理解したという。

玄関から暗い廊下を過ぎた先に、黄色い光に包まれた空間が現れる。ここは単に廊下という言葉では括れない感情の動きが伴う場だ。この空間、実は壁は白で仕上げられている。中庭側のスリット状の窓ガラスに色が着けられているため、ガラスを透過した黄色い光で空間が充たされるのだ。

その先に、あのプールをもつダイニングの空間

※3　製図技術者。主に基本設計以降の詳細図面などを専門に作図する者のこと

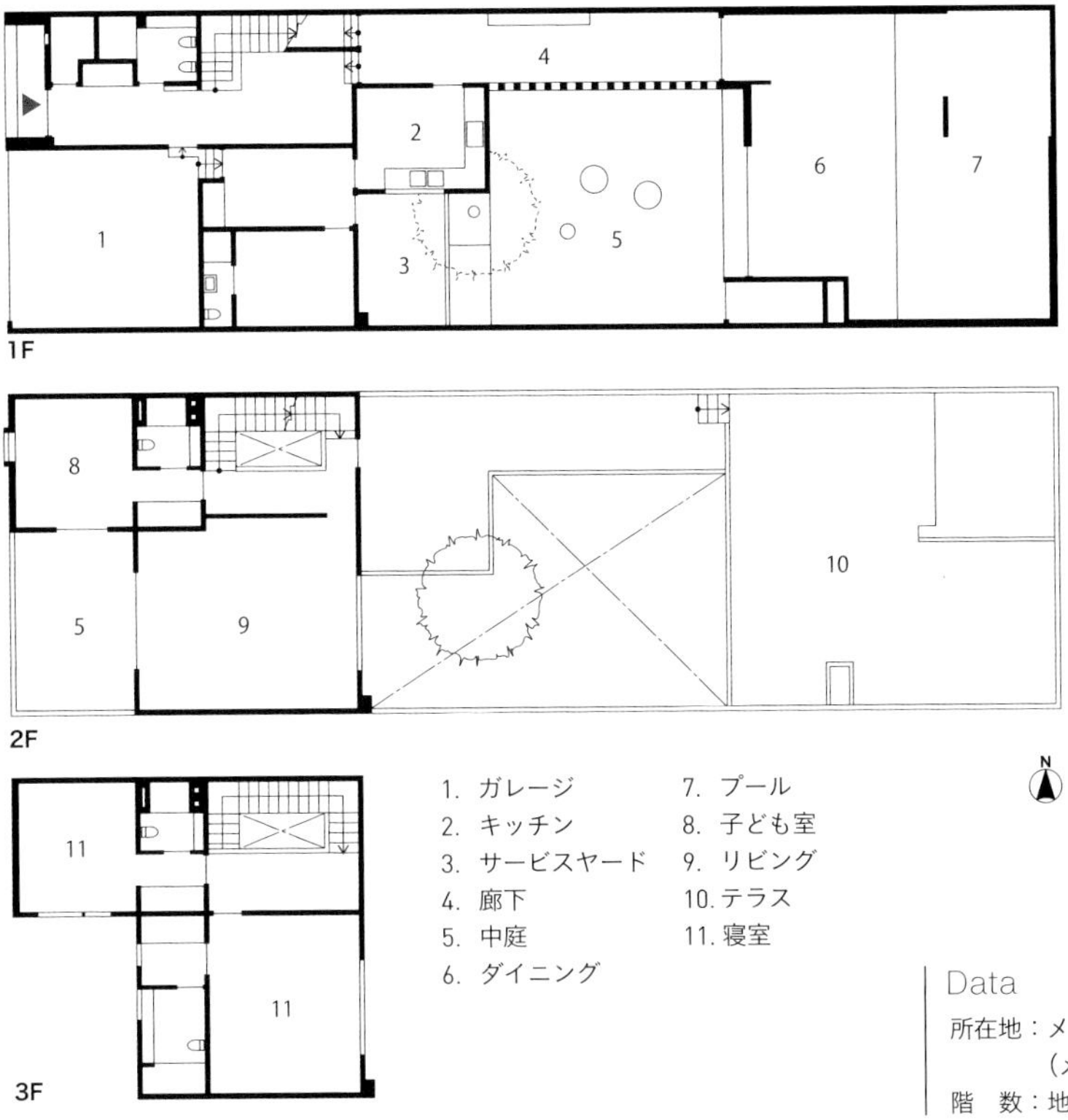

Data
所在地：メキシコシティ
（メキシコ）
階　数：地上3階

が待ち受けている。白い壁を主体として、プールのまわりには強い色が使われている。壁と水面は光の受け手として、時の移り変わりとともに刻々と変化していく。それは、用途をもった建築空間ではあるが、限りなくアートの領域にまで踏み込んだ光景へと昇華されている。

毎週土曜日の朝8時、老齢のバラガンは自ら扉を開け、ヒラルディと友人たちを迎え入れた。3年もの間、彼らは朝食を共にしたという。朝食と言っても、1人でいるときは酒類を口にしなかったバラガンがシャンパンの栓を抜き、世界を旅した記憶のこと、自分が生涯にわたって関わってきた人々のこと、そして造詣の深かったアートに関することなど、丁寧に集められてきた蔵書を見せながら、毎回3時間ほどかけて、じっくりと向き合うひとときだったという。年若きクライアントからの依頼を、彼は喜び、世代を越えてつながろうとしたのではないだろうか。

「彼は人生において大切なものすべてを、私に惜しみなくプレゼントしてくれた。」―フランシス・ヒラルディ

Ottolenghi house

“詩学„が生まれるとき

オットレンギ邸

設計｜**カルロ・スカルパ**
竣工｜1978年

メインエントランスを見る。外壁はコンクリートと粗いテクスチャの組み合わせ。巨大な円柱には石とコンクリートを交互に積み上げてつくられている

古くから建築家たちが自問してきた「建築は〝詩〟であろうか」という問い。これに対して「もちろん、建築というものは〝詩〟である」とライトは明言した。そのことを引き合いに出したのはカルロ・スカルパである。

ヴェリッティ邸［146頁］の完成から約20年後、スカルパが晩年に手がけたこの住宅は、ヴェローナ（イタリア）の北にあるガルダ湖を望む、緑深い敷地に建っている。

アプローチ側からは、その建築の全貌を窺い知ることはできない。コンクリート（擁壁と、建築そのもの）の間を、まるで掘り込んでいったかのような階段と、水勾配のとられた煉瓦敷きの屋根が見えるのみだ。このアプローチとの高低差が、オットレンギ邸のプランを特徴的なものにしている。敷地の条件として、高さ制限が厳しく、元々の地盤より高い建築をつくることが不可能であったことが、地形に沿った建物の形を導いた。つまり、不整形な平面形状は、傾斜のある地形との〈対話〉によって生まれたのだ。

内部空間に目を移すと、そこにはさまざまな要素が建築的に、または家具的に振る舞い、踊っている。石とコンクリートを積層したように仕上げられた円柱は、スケール的にも配置的にも大きな

浴室側より階段越しにリビングを見る。この
住宅の中心的な存在である書棚（写真左）は
暖炉も造り付けられている

存在感をもたらしている。微妙な水勾配に追従するように折られている天井と、丸柱との接点を見ると、天井から曲線で迎えにいくように黒っぽいスタッコが連続してつながっている。これにより、円柱がまるでその場所に独立して置いてあるように感じられるのだ。間仕切壁なども、天井と縁を切ることで、どこまでが建築の間仕切で、どこからが造作家具なのかという明確な線引きをなくしている。つまり、それぞれの要素は〈モノ〉としての独立性を高めて、主従の区別なく並列されているのだ。地形から連続していくよう段差を設けた床は、室内にコージーな場の連続感をつくり出し、それぞれのシーンをつないでいく。

　スカルパは、さまざまな職種の職人たちとのものづくりを楽しんだ。朝が弱かったという彼は、夕方に工房を訪ね、新しいディテールについて夜遅くまでやりとりしたという。職人たちもなかなか終わらぬ仕事に文句を言うことなく、建築家《マエストロ》との時間を大切にした。仕上げに使われている壁や天井のスタッコも、廃れていたヴェネツィアの伝統技法を、スカルパが職人たちと復活させたもの

Data
所在地：ヴェローナ（イタリア）
階　数：地上1階

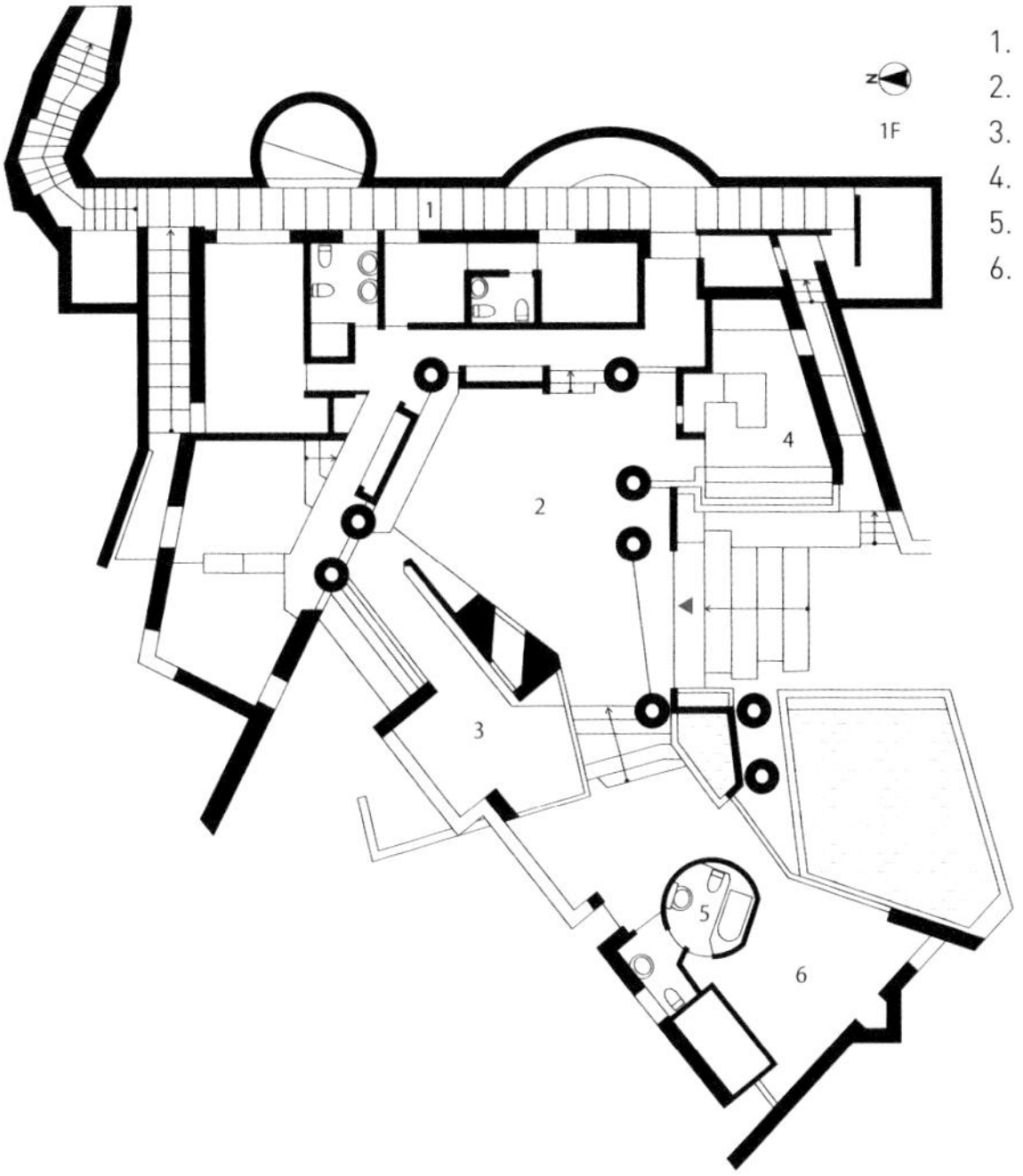

だ。これが空間に鮮やかな色と艶をもたらした。床には現場研ぎのテラゾー［※1］が施工されており、ここに帯状に曲面にデザインされた金属片が埋め込まれている。一見楽しげな遊びにもみえるディテールだが、素材の特性により発生するヒビを、この部分に集中させるようにしてその他の部分が割れにくいように考えられたディテールなのだ。

全体を構成する建築の要素も、そのなかで展開される細部も、それぞれが振る舞いの「自由」を手にしているように感じられる。その「自由」は、敷地状況や職人たちとの〈対話〉から徐々に形を成し、スカルパの選び取ったたくさんの選択の先にある。結果として、建築空間には独特の〝詩学〟が生まれているように思えるのだ。

「建築は「詩」である。だが、「詩的」建築を作る、と言い切ることは絶対にできない。「詩」はそれ自身のものの中から生まれてくるものなのだから。もの、そして建築自身がその中に詩を持っているのである。それが自然の摂理というものだ。」

―カルロ・スカルパ

※1　イタリアの伝統的な床仕上げの工法。大理石や御影石などをミックスしてコンクリート形成したもので、多彩な色調の石を砕いたようなモザイク調の意匠が特徴

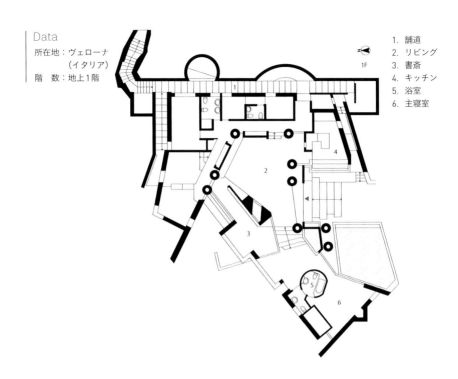

Architecture Index

世界名作住宅地図

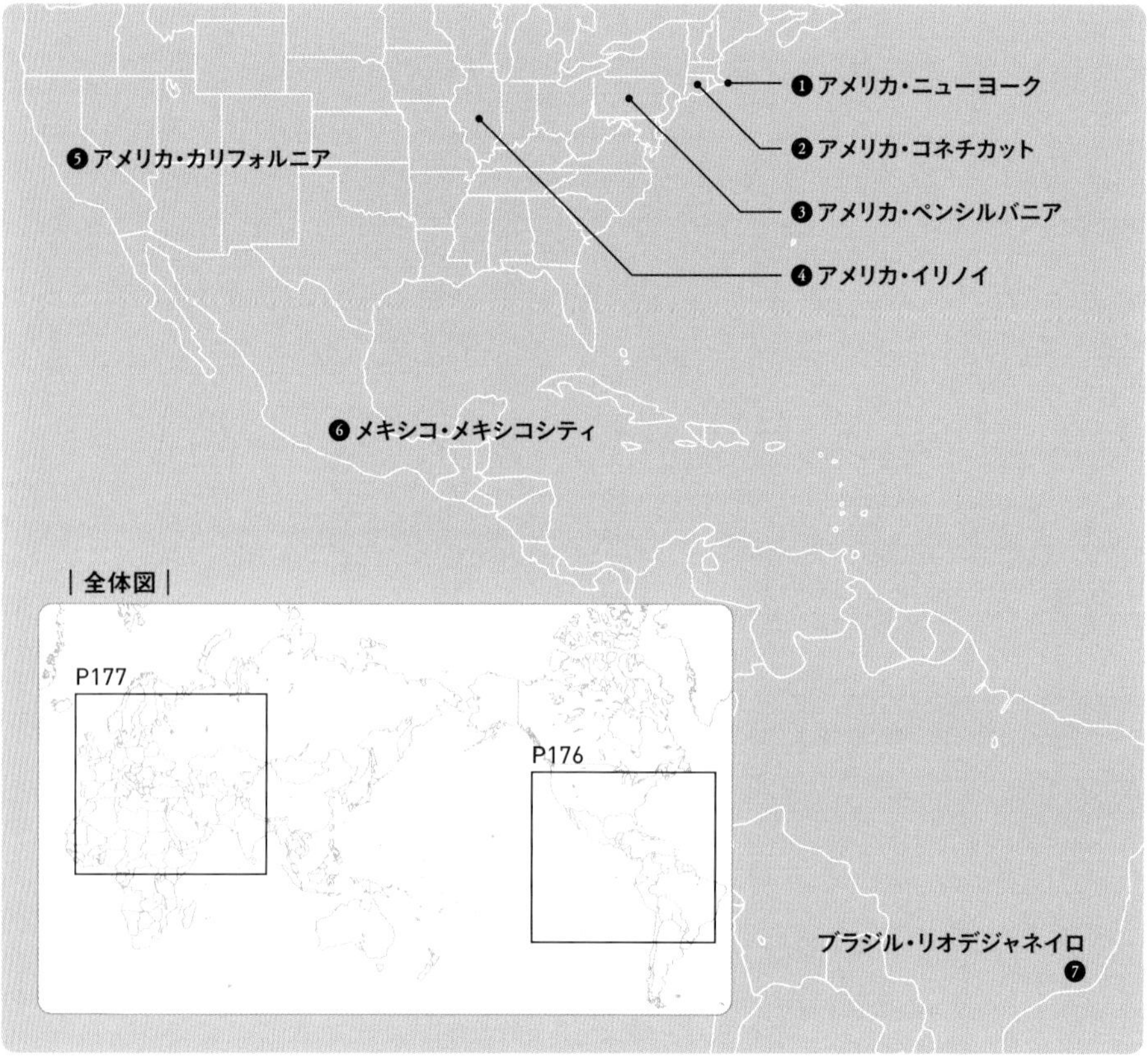

❶［アメリカ・ニューヨーク］
グワスミー邸兼アトリエ／チャールズ・グワスミー（p156）

❷［アメリカ・コネチカット］
ガラスの家／フィリップ・ジョンソン（p112）

❸［アメリカ・ペンシルバニア］
落水荘／フランク・ロイド・ライト（p076）
エシェリック邸／ルイス・カーン（p140）
母の家／ロバート・ヴェンチューリ（p152）

❹［アメリカ・イリノイ］
ロビー邸／フランク・ロイド・ライト（p008）
ファンズワース邸／ミース・ファン・デル・ローエ（p118）

❺［アメリカ・カリフォルニア］
シンドラー邸／ルドルフ・シンドラー（p012）
エニス邸／フランク・ロイド・ライト（p016）
ロヴェル・ビーチ・ハウス／ルドルフ・シンドラー（p026）
ロヴェル邸／リチャード・ノイトラ（p038）
V.D.L. リサーチハウス／リチャード・ノイトラ（p068）
イームズ邸／チャールズ＆レイ・イームズ（p106）

❻［メキシコ・メキシコシティ］
バラガン邸／ルイス・バラガン（p092）
ヒラルディ邸／ルイス・バラガン（p168）

❼［ブラジル・リオデジャネイロ］
カノアスの家／オスカー・ニーマイヤー（p126）

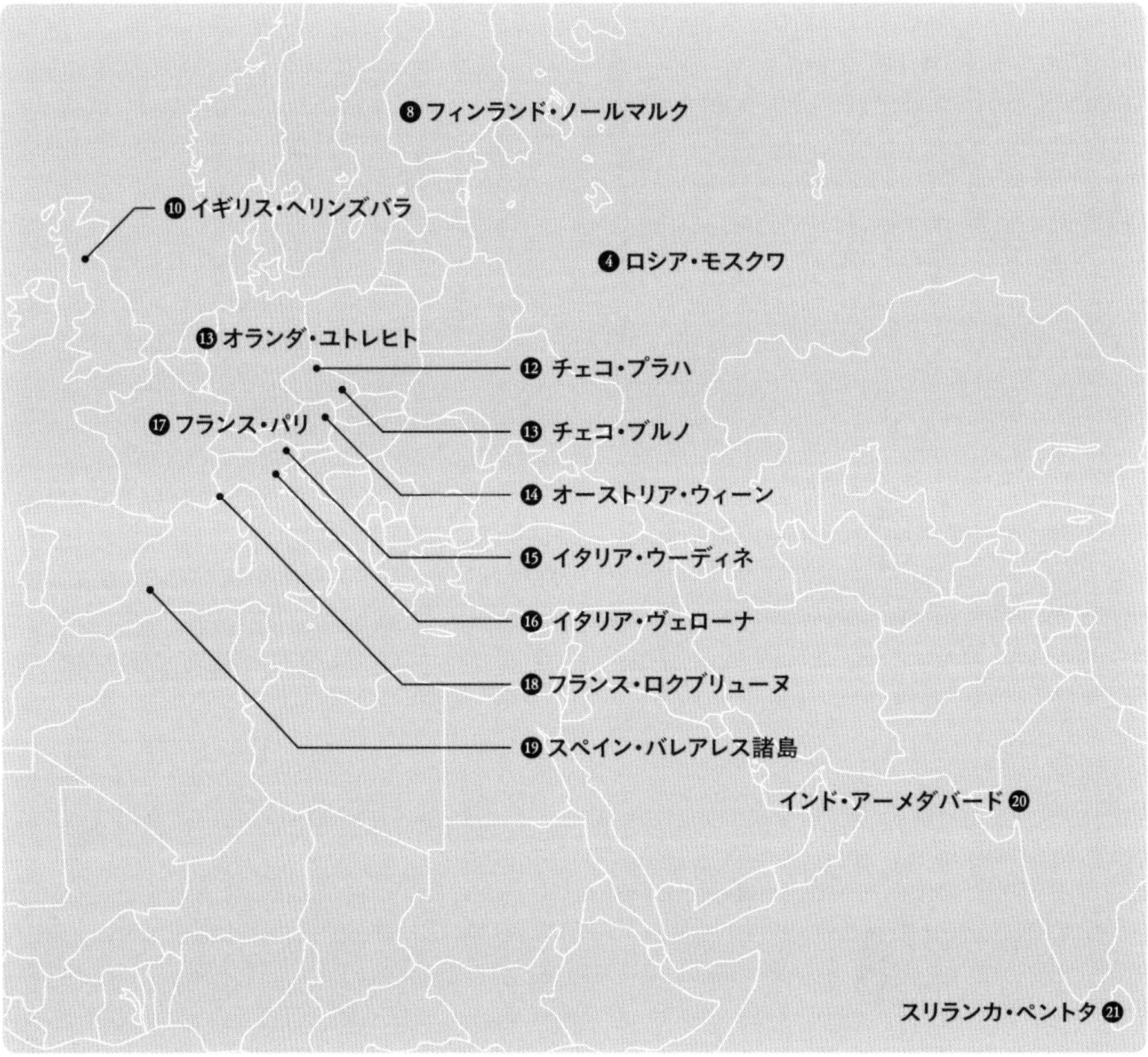

8 **[フィンランド・ノールマルク]**
マイレア邸／アルヴァ・アアルト（p082）

9 **[ロシア・モスクワ]**
メーリニコフ邸／コンスタンティン・メーリニコフ（p030）

10 **[イギリス・ヘリンズバラ]**
ヒルハウス／チャールズ・マッキントッシュ（p009）

11 **[オランダ・ユトレヒト]**
シュレーダー邸／ヘリット・リートフェルト（p022）

12 **[チェコ・プラハ]**
ミュラー邸／アドルフ・ロース（p050）

13 **[チェコ・ブルノ]**
トゥーゲントハット邸／ミース・ファン・デル・ローエ（p054）

14 **[オーストリア・ウィーン]**
ストンボロー邸／ルートヴィヒ・ヴィトゲンシュタイン（p034）

15 **[イタリア・ウーディネ]**
ヴェリッティ邸／カルロ・スカルパ（p146）

16 **[イタリア・ヴェローナ]**
オットレンギ邸／カルロ・スカルパ（p172）

17 **[フランス・パリ]**
サヴォア邸／ル・コルビュジエ（p060）
ガラスの家／ピエール・シャロー（p072）
カレ邸／アルヴァ・アアルト（p134）

18 **[フランス・ロクブリューヌ]**
E·1027／アイリーン・グレイ（p042）

19 **[スペイン・バレアレス諸島]**
キャン・リス／ヨーン・ウッツォン（p162）

20 **[インド・アーメダバード]**
サラバイ邸／ル・コルビュジエ（p130）

21 **[スリランカ・ペントタ]**
ルヌガンガ／ジェフリー・バワ（p100）

世界名作住宅年表

カテゴリ凡例　般：一般時事、芸：芸術運動

西暦	住宅名（建築家）	地域	時事年表
1853			般 クリミア戦争／ペリー来航
1859	**レッドハウス**（P・ウェッブ）	**ヨーロッパ**	般 安政の大獄
1867			般 徳川幕府が大政奉還を行う
1882			芸 アーツ・アンド・クラフツ運動
1887	**ロウ邸**（マッキム・ミード&ホワイト）	**アメリカ**	
1889			般 日本国憲法発布
1892	**タッセル邸**（V・オルタ）	**ヨーロッパ**	
1894	**ウィンズロー邸**（F・L・ライト）	**アメリカ**	般 日清戦争
1898	**オルタ自邸**（V・オルタ）	**ヨーロッパ**	般 アメリカ・スペイン戦争／エジソンが映画を発明
1900	**グリュゲルト・ハウス**（J・M・オルブリッヒ）	**ヨーロッパ**	般 日本、パリ万国博に参加出品
1901	**ベーレンス自邸**（P・ベーレンス）	**ヨーロッパ**	
1903	**ヒルハウス**（C・R・マッキントッシュ）	**ヨーロッパ**	芸 ウィーン工房設立
1905			般 アインシュタインが特殊相対性理論を発表
1907	**リール邸**（ミース・ファン・デル・ローエ）	**ヨーロッパ**	芸 ドイツ工作連盟設立
1908	**ギャンブル邸**（グリーン&グリーン）	**ヨーロッパ**	
1909	**ロビー邸**（F・L・ライト）	**ヨーロッパ**	芸 イタリア未来派
1910	**シュタイナー邸**（アドルフ・ロース）	**ヨーロッパ**	般 中国、辛亥革命／ロール・アムンセンが南極遠征
1911	**ストックレー邸**（ヨーゼフ・ホフマン）	**ヨーロッパ**	
1912			般 元号「大正」に改元
1914			般 第一次世界大戦勃発
1915			芸 ロシア構成主義　芸 デザイン産業評議会設立
1917	**シュウォブ邸**（ル・コルビュジエ）	**ヨーロッパ**	般 ロシア革命
	スネルマン邸（E・G・アスプルンド）	**ヨーロッパ**	芸 デ・スティル
1918			般 第一次世界大戦終了　芸 総合芸術誌「レスプリ・ヌーヴォー」創刊（仏）
1919			芸 バウハウス開校
1920	**ジャーマンウェアハウス**（F・L・ライト）	**アメリカ**	般 日本が国際連盟に加盟
1922	**シンドラー邸**（ルドルフ・シンドラー）	**アメリカ**	

・ここでは、上段に近現代の主要な世界の住宅作品を竣工年順に整理した。
（）内は設計者名を表す。下段は日本および世界の主要な一般時事・芸術運動を整理した。

1924	エニス邸（F・L・ライト） シュレーダー邸（G・T・リートフェルト）	ヨーロッパ ヨーロッパ	芸 シュルレアリスム
1925	ラ・ロッシュ・ジャンヌレ邸（ル・コルビュジエ） レマン湖畔の小さな家「母の家」（ル・コルビュジエ）	ヨーロッパ ヨーロッパ	
1926	ロヴェル・ビーチ・ハウス（ルドルフ・シンドラー）	アメリカ	般 元号「昭和」に改元
1927	トリスタン・ツァラ邸（アドルフ・ロース） ヴァイセンホフ・ジードルング（ミース・ファン・デル・ローエなど） メーリニコフ邸（K・S・メーリニコフ）	ヨーロッパ ヨーロッパ ヨーロッパ	
1928	ストンボロー邸（L・ヴィトゲンシュタイン）	ヨーロッパ	芸 近代国際会議［CIAM］開催
1929	ロヴェル邸「健康住宅」（リチャード・ノイトラ） E・1027（アイリーン・グレイ）	アメリカ ヨーロッパ	般 世界大恐慌
1930	ミュラー邸（アドルフ・ロース） トゥーゲントハット邸（ミース・ファン・デル・ローエ）	ヨーロッパ ヨーロッパ	
1931	サヴォア邸（ル・コルビュジエ）	ヨーロッパ	般 満州事変（中）
1932	ガラスの家（ピエール・シャロー） V.D.Lリサーチハウス（リチャード・ノイトラ）	ヨーロッパ ヨーロッパ	
1933	シュミンク邸（H・シャロウン）	ヨーロッパ	般 日本、国際連盟を脱退／ヒトラーがドイツの政権を握る
1936	アアルト邸（アルヴァ・アアルト）	ヨーロッパ	
1937	落水荘（F・L・ライト） 夏の家（E・G・アスプルンド） グロピウス邸（W・グロピウス）	アメリカ ヨーロッパ アメリカ	般 日中戦争勃発
1938	ヴィラ・マラパルテ（アダルベルト・リベラ）	ヨーロッパ	般 国家総動員法設立
1939	マイレア邸（アルヴァ・アアルト）	ヨーロッパ	般 第二次世界大戦勃発
1941			般 日本が真珠湾（米）侵攻、太平洋戦争勃発
1942	ザ・ボックス（ラルフ・アースキン）	ヨーロッパ	般 関門海底トンネル開通
1945			般 広島・長崎に原子爆弾投下、第二次世界大戦終了
1946	カウフマン・デザート・ハウス（リチャード・ノイトラ）	アメリカ	般 新日本国憲法公布
1947	ブロイヤー自邸（マルセル・ブロイヤー） バラガン邸（ルイス・バラガン）	ヨーロッパ 中南米・アジア・オセアニア	
1948	ルヌガンガ（ジェフリー・バワ）	中南米・アジア・オセアニア	
1945			芸 インスティテュート・オブ・デザイン開校

西暦	建築名(建築家)	地域	時事年表
1948	トゥイッチェル邸(ポール・ルドルフ)	アメリカ	
1949	イームズ邸(チャールズ&レイ・イームズ) フォード邸(ブルース・ガフ) ガラスの家(フィリップ・ジョンソン)	アメリカ アメリカ アメリカ	般 湯川秀樹がノーベル物理学賞を受賞
1950	ファンズワース邸(ミース・ファン・デル・ローエ) ロックフェラーゲストハウス(フィリップ・ジョンソン)	アメリカ アメリカ	般 朝鮮戦争勃発 芸 ドイツ工作連盟再建(独)
1951	グラス・ハウス(リナ・ボ・バルディ) カップ・マルタンの小屋(ル・コルビュジエ)	中南米・アジア・オセアニア ヨーロッパ	般 サンフランシスコ平和条約、日米安全保障条約調印
			芸 イリノイ工科大学開校
1953	夏の家(アルヴァ・アアルト)	ヨーロッパ	
1954	カノアスの家(オスカー・ニーマイヤー)	中南米・アジア・オセアニア	
1955	サラバイ邸(ル・コルビュジエ)	中南米・アジア・オセアニア	芸 ウルム造形大学開校
1956	ショーダン邸(ル・コルビュジエ)	中南米・アジア・オセアニア	
1957	ミラー邸(E・サーリネン+A・ジラード)	アメリカ	般 ソ連が世界初の人工衛星を飛ばす/日本が南極に昭和基地を建設
1958			般 ブリュッセル万国博
1959	カレ邸(アルヴァ・アアルト) フーパー邸(マルセル・ブロイヤー) ケース・スタディ・ハウス#22(ピエール・コーニック)	ヨーロッパ アメリカ アメリカ	
1960	自邸(パウロ・A・メンデス・ダ・ロカ)	中南米・アジア・オセアニア	般 カラーテレビの本放送開始、安保闘争
1961	エシェリック邸(ルイス・カーン) ヴェリッティ邸(カルロ・スカルパ)	アメリカ ヨーロッパ	般 ベルリンの壁建設(独)
1962	チューブハウス(チャールズ・コレア)	中南米・アジア・オセアニア	
1963	アースキン自邸(ラルフ・アースキン) タビエス邸(ホセ・アントニオ・コデルク)	ヨーロッパ ヨーロッパ	般 ケネディ大統領暗殺(米)/日本、原子力発電に成功
1964	シーランチ(チャールス・ムーア) 母の家(ロバート・ヴェンチューリ)	ヨーロッパ アメリカ	般 オリンピック東京大会開催、東海道新幹線開業
1966	グワスミー邸兼アトリエ(チャールズ・グワスミー)	アメリカ	般 文化大革命(中)
1967	フィッシャー邸(ルイス・カーン)	アメリカ	般 モントリオール万国博/中東戦争
1968	住宅1号(ピーター・アイゼンマン)	アメリカ	

1969	両親の家(リチャード・ロジャース)	ヨーロッパ	般 アポロ11号、人類発の月面着陸 般 5月革命(仏)
1970	パリのスタジオ(シャルロット・ペリアン)	ヨーロッパ	般 日本万国博
1972	キャン・リス(ヨーン・ウッツオン)	ヨーロッパ	
	スナイダーマン邸(マイケル・グレイヴス)	アメリカ	
1973	リヴァ・サンヴィターレの住宅(マリオ・ボッタ)	ヨーロッパ	般 石油危機で物価上昇/ベトナム戦争終結
	ダグラス邸(リチャード・マイヤー)	アメリカ	
1974	デルビゴット邸(ジャン・ヌーヴェル)	ヨーロッパ	
1975	カーサ・ボフィル(リカルド・ボフィル)	ヨーロッパ	
1976	ベイレス邸(アルヴァロ・シザ)	ヨーロッパ	
1978	ヒラルディ邸(ルイスバラガン)	中南米・アジア・オセアニア	
	オットレンギ邸(カルロ・スカルパ)	ヨーロッパ	
1979	ゲーリー自邸(フランク・O・ゲーリー)	アメリカ	般 イラン革命
1980	ブルーハウス(ヘルツォーク&ド・ムーロン)	ヨーロッパ	般 イラン・イラク戦争勃発
1981	マッサーニョの家(マリオ・ボッタ)	ヨーロッパ	芸 メンフィス結成
1982	ブロセック邸(マイケル・グレイヴス)	アメリカ	般 東北・上越新幹線開業
1984			芸 APPLEが初代MACINTOSHを発売(米)
1987	ホイットニー邸(マーク・マック)	アメリカ	
1989	シュナーベル邸(フランク・O・ゲーリー)	アメリカ	般 元号「平成」に改元/天安門事件(中)
1990	バスク邸(スヴェレ・フェーン)	ヨーロッパ	般 ベルリンの壁崩壊、東西ドイツが統一
	アラカネナ邸(ソウト・デ・モウラ)	ヨーロッパ	
1991	ダラヴァ邸(レム・コールハース)	ヨーロッパ	
1992	ストレット・ハウス(S・ホール)	アメリカ	般 湾岸戦争
1994	シンプソン・リー邸(G・マーカット)	中南米・アジア・オセアニア	
1995	ラ・コロラダ・ハウス(リカルド・レゴレッタ)	中南米・アジア・オセアニア	
1997	ブレーズ邸(モーフォシス)	アメリカ	
	ダブル・ハウス(MVRDV)	ヨーロッパ	
	ネグロハウス(A・カラチ&D・アルヴァァス)	中南米・アジア・オセアニア	
1998	ボルドーの住宅(レム・コールハース)	ヨーロッパ	
	ラ・クロータ邸(エンリック・ミラージェス)	ヨーロッパ	
	バワ邸(ジェフリー・バワ)	中南米・アジア・オセアニア	

ARCHITECT INDEX

建築家インデックス （）内は生存年を表す

参考文献

『孤独な散歩者の夢想』ルソー、今野一雄（訳)、岩波文庫、1960／『建築をめざして』ル・コルビュジェ、吉阪隆正（訳)、鹿島出版会、1967／『アルヴァ・アアルト』武藤章、鹿島出版会、1969／『巨匠ミースの遺産』山本学治、稲葉武司、彰国社、1970／『GA　No.32＜ル・コルビュジェ＞サラバイ邸1955／ショーダン邸1956』エーディーエー・エディタ・トーキョー、1974／『私のルイス・カーン』工藤国雄、鹿島出版会、1975／『GAディテール No.1 ミース・ファン・デル・ローエ ファンズワース邸1945-50』ミース・ファン・デル・ローエ、二川幸夫、北村修一（編)、エーディーエー・エディタ・トーキョー、1976／『建築の多様性と対立性』R・ヴェンチューリ、伊藤公文（訳)、1982／『アール ヴィヴァン 1985年16号 特集：ウィトゲンシュタインの建築』磯崎新、足立美比古、西武美術館、1985／『カルロ・スカルパ』SD編集部（編)、鹿島出版会、1985／『ルイス・カーンとの十八年』オーガスト・E・コマンダント、小川英明（訳)、明現社、1986／『ガラスの家　ダルザス邸 La Maison de Verre／Pierre Chareau』ピエール・シャロー、二川幸夫、三宅理一（訳)、エーディーエー・エディタ・トーキョー、1988／『カルロ・スカルパ』アーダ・フランチェスカ・マルチャノ（編)、浜口オサミ（訳)、鹿島出版会、1989／『アイリーン・グレイ―建築家・デザイナー』ピーター・アダム、小池一子（訳)、リブロポート、1992／『ルイス・バラガンの建築』齋藤裕、TOTO出版、

1992／『近代　時代のなかの住居』黒沢隆、メディアファクトリー、1993／『スペースデザイン第328号　カルロ・スカルパ図面集』SD編集部（編）、鹿島出版会、1992／『フランク・ロイド・ライトの住宅（第8巻）コンクリート及びコンクリート・ブロックの住宅』フランク・ロイド・ライト、二川幸夫、エーディーエー・エディタ・トーキョー、1994／『ル・コルビュジエ』ノルベルト・フーゼ、安松孝（訳）、PARCO出版、1995／『GA　No.76＜ルイス・I・カーン＞エシュリック邸1959-61／フィッシャー邸1960-67』ルイス・I・カーン、二川幸夫、細谷巖（編）、エーディーエー・エディタ・トーキョー、1996／『ケーススタディハウス―プロトタイプ住宅の試み』植田実（監）、岸和郎、住まいの図書館出版局、1997／『世界現代住宅全集13　ピエール・シャローガラスの家（ダルザス邸）』二川由夫、二川幸夫（編）、エーディーエー・エディタ・トーキョー、1997／『GA No.48〈ルイス・バラガン〉』ルイス・バラガン、二川幸夫、細谷巖（編）、エーディーエー・エディタ・トーキョー、1997／『建築の詩人　カルロ・スカルパ』斎藤裕、TOTO出版、1997／『ルドルフ・シンドラー　カリフォルニアのモダンリビング』デヴィッド・ゲバード、末包伸吾（訳）、鹿島出版会、1999／『反哲学的断章―文化と価値』ルートヴィヒ・ヴィトゲンシュタイン、丘沢静也（訳）、青土社、1999／『栖十二』磯崎新、住まいの図書館出版局、1999／『コンスタンティン・メーリニコフの建築1920s － 1930s（ギャラリー・間叢書）』リシャット・ムラギルディン、ギャラリー間（編）、TOTO出版 、2002／『カーサ・バラガン』齋藤裕、TOTO出版、2002／『ルイス・バラガン　静かなる革命』フェデリカ・ザンコ（編）、インター・オフィス、2002／『Carlo Scarpa an architectural guide』セルジオ・ロス、アルセナーレ、1995／『X-KnowledgeHOME17 ミース・ファン・デル・ローエ』エクスナレッジ、2003／『ルイス・カーンの全住宅：1940-1974』齋藤裕、TOTO出版、2003／『装飾と犯罪―建築・文化論集』アドルフ・ロース、伊藤哲夫（訳）、中央公論美術出版、2005／『ヴィラ　マイレア　アルヴァ・アールト』齋藤裕、TOTO出版、2005／『ル・コルビュジエのインド』彰国社（編）、北田英治（写真）、彰国社、2005／『ミース・ファン・デル・ローエ　真理を求めて』高山正實、鹿島出版会、2006／『評伝　ミース・ファン・デル・ローエ』フランツ・シュルツ、澤村明（翻訳）、鹿島出版会、2006／『リチャード・ノイトラ』バーバラ・ランプレヒト、タッシェン・ジャパン、2007／『未完の建築家　フランク・ロイド・ライト』エイダ・ルイーズ・ハクスタブル、三輪直美（訳）、TOTO出版、2007／『ユリイカ2007年5月号』、青土社、2007／『ル・コルビュジェ サヴォア邸－1931 フランス』宮本和義（写真）、山名義之、バナナブックス、2007／『Lunuganga』ジェフリー・バワ、タイムズエディションズ、2007／『20世紀名住宅選集』コリン・デイヴィス、八木幸二（監）、杉山まどか（訳）、丸善出版、2007／『オスカーニーマイヤー　形と空間』オスカー・ニーマイヤー 、二川幸夫（編）、エーディーエー・エディタ・トーキョー、2008／『AALTO 10 Selected Houses アールトの住宅』齋藤裕、TOTO出版、2008／『アメリカの名作住宅に暮らす』田中厚子、建築資料研究社、2009／『マイレア邸／アルヴァー・アールト（ヘヴンリーハウス-20世紀名作住宅をめぐる旅 4）』松本淳、五十嵐太郎、後藤武（監）、東京書籍、2009／『なおかつ、お厚いのがお好き？』小山薫堂 、富増章成（監）、扶桑社、2010／『a+u　2011年9月号』新建築社、2011／『北欧モダンハウス　建築家が愛した自邸と別荘』和田菜穂子、学芸出版社、2012／『増補新装カラー版　世界デザイン史』阿部公正（著・監）、神田昭夫 、高見堅志郎、美術出版社、2012／『20世紀世界の名作住宅』ドミニク・ブラッドベリー、リチャード・パワーズ、エクスナレッジ、2013／『世界で一番美しい名作住宅の解剖図鑑』中山繁信、松下希和、伊藤茉莉子、齋藤玲香、エクスナレッジ、2014／『建築家ピエール・シャローとガラスの家？』ポンピドゥーセンター、パリ国立近代美術館（編）、パナソニック汐留ミュージアム（編）、鹿島出版会、2014／『ルイス・バラガン　空間の読解』大河内学・廣澤秀眞、明治大学大河内研究室（編著）、彰国社、2015／『解読　ジェフリー・バワの建築―スリランカの「アニミズム・モダン」』岩本弘光、彰国社、2015／『熱帯建築家　ジェフリー・バワの冒険』隈研吾、山口由美、新潮社、2015／『世界現代住宅全集25　アドルフ・ロース　ミュラー邸　モラー邸』二川由夫、エーディーエー・エディタ・トーキョー、2017／DVD『アイリーン・グレイ 孤高のデザイナー』マルコ・オルシーニ（監）、トランスフォーマー、2018／『世界の建築家解剖図鑑』大井隆弘、市川紘司、吉本憲生、和田隆介、エクスナレッジ、2018／『ウッツオンの窓の家マヨルカ島の《キャン・リス》をめぐる断章』和田菜穂子、彰国社、2019

Photo Cledit

アフロ：12,14,16,28,30,32,34,42,44~46,56,57,76,79,80,82,84,106,120,126,128,134,136,162,164,165
アフロ・ARTUR IMAGES：172,174
大河内学・廣澤秀眞：92,94~97,168,170
栗原宏光：140,143
西野奈美：52
廣部剛司：6,7,18,36,50,60,62,63,72,100,102,103,108,118,121,142,146,152,154
村角創一：38,40
Alamy：8,22,24,26,54,112,114,130,156,158
Getty Images：68,70,109

廣部剛司　建築家・廣部剛司建築研究所代表

1968年神奈川県生まれ。'91年に日本大学理工学部を卒業後、芦原建築設計研究所に入所。7年間の勤務後、8カ月にわたり世界の名建築を訪ね歩く。帰国後の'99年、廣部剛司建築設計室を設立。2009年株式会社廣部剛司建築研究所に改組。現在、日本大学・明治大学講師。著書に『リードウェイ　建築への旅』（TOTO出版）、『日本の住宅をデザインする方法2』（共著、エクスナレッジ）がある

www.hirobe.net

世界の美しい住宅

2020年10月2日　初版第1刷発行

著者　廣部剛司

発行者　澤井聖一

発行所　株式会社エクスナレッジ
〒106-0032
東京都港区六本木7-2-26
https://www.xknowledge.co.jp/

問合せ先　編集　Tel 03-3403-1381　Fax 03-3403-1345
info@xknowledge.co.jp
販売　Tel 03-3403-1321　Fax 03-3403-1829